AF543815

Timo Klein-Soetebier & Paul Klingen

Lehr-Lernvorstellungen im Tischtennis-Anfängerunterricht

Eine didaktisch-methodische Handreichung für Lehrkräfte und Übungsleiter in Schule und Verein

2. überarbeitete Auflage

Schneider Verlag Hohengehren GmbH

Titelbilder: (von links nach rechts)

© Adobe Stock – Rawpixel.com

© Adobe Stock – Augustas Cetkauskas

© Adobe Stock – Alyona

© Adobe Stock – Rawpixel.com

Leider ist es uns nicht gelungen, die Rechteinhaber aller Texte und Abbildungen zu ermitteln bzw. mit ihnen in Kontakt zu kommen.
Berechtigte Ansprüche werden selbstverständlich im Rahmen der üblichen Vereinbarungen abgegolten.

Bibliografische Information der Deutschen Nationalbibliothek

Die Deutsche Nationalbibliothek verzeichnet diese Publikation in der Deutschen Nationalbibliografie; detaillierte bibliografische Daten sind im Internet über ›http://dnb.dnb.de‹ abrufbar.

ISBN 978-3-8340-2138-0
Schneider Verlag Hohengehren, D-73666 Baltmannsweiler
Homepage: www.paedagogik.de

Printed in Germany. Druck: Format Druck, Stuttgart

Inhalt

1. WAS ERWARTET SIE IN DIESER HANDREICHUNG?

Möchte man als Übungsleiter*in[1] oder als Sportlehrer*in im Vereins- oder Schulsport Tischtennis vermitteln, so sollte man im Prinzip vier Voraussetzungen mitbringen: (1) Man sollte Freude am Unterrichten haben. (2) Besonders die individuelle Förderung von Kindern und Jugendlichen im Blick haben. (3) Man sollte sich mit Tischtennis gut auskennen. (4) Man sollte wissen, wie man wirksam unterrichtet.

Setzt man (1) und (2) voraus, und richtet den Blick auf (3) und (4), so tauchen Fragen wie diese auf:

- Auf welcher Niveaustufe sollte die Lehrkraft selbst spielen können?
- Wie umfassend muss sich die Lehrkraft mit Tischtennis[2] auskennen?
- Welches fachdidaktische Wissen benötigt sie?

Niveaustufe

Unserer Erkenntnis nach verfügen die wenigsten Lehrkräfte im Schulsport über umfassende Spiel- und Wettkampferfahrungen aus dem Vereinssport. Allerdings lässt sich nach einem absolvierten Sportstudium eine Beziehung zur Sportart voraussetzen, vor allem, wenn in der Ausbildung entsprechende Tischtennis-Angebote genutzt wurden. Es ist somit davon auszugehen, dass in den allermeisten Fällen die *sportpraktischen Vorerfahrungen* und das *Könnensniveau* ausreichen, um zumindest im Anfänger- oder Schulbereich Tischtennis unterrichten zu können. Liegen allerdings solche nicht vor, sollte man sich vor Beginn eines Unterrichtsvorhabens im Eigenstudium mit den Sachbezügen auseinandersetzen (Internet, Fachbücher, Verbandsangebote). Nötige spielpraktische Voraussetzungen lassen sich autodidaktisch, besser aber in einigen Übungseinheiten in einem Tischtennis-Verein erwerben.

Fachliche Kenntnisse

Wie tiefgründig man Tischtennis durchdrungen hat, zeigt sich spätestens dann, wenn man im Unterricht den einzelnen Lernenden ganz konkrete Hilfen zur Überwindung von Lernschwierigkeiten anbieten muss. Dazu kann das *Beispiel* weiter unten erste Hinweise geben. Liegen solche Kenntnisse (noch) nicht vor, so sollte man sie sich nach und nach selbst aneignen, z.B. durch ein Literaturstudium, oder indem man mit den Lernenden zusammen die Bewegungen und Techniken variiert und analysiert. Genaue

[1] Im Folgenden wird bei der Geschlechterbezeichnung die *Sternchen-Variante* bevorzugt. Zudem werden Übungsleiter*innen, Trainer*innen und Sportlehrer*innen mit der Sammelbezeichnung Lehrkräfte erfasst. Um den Lesefluss zu wahren, werden teilweise auch andere Schreibweisen genutzt.

[2] Der Einfachheit halber wird Tischtennis des Öfteren mit der Kurzform TT bezeichnet.

Beobachtungen der Folgen von Bewegungsveränderungen lassen Rückschlüsse zu und bereichern das fachliche und fachdidaktische Wissen.

Fachdidaktisches Wissen

Jede Lerneinheit im Tischtennis ist fachdidaktisch anzulegen, auch wenn im Alltag oftmals die Zeit für eine sorgfältige Vorplanung fehlt. Obligatorisch für das Gelingen des Unterrichts sind die Zielklarheit der Lehrkraft (*Was soll wer heute lernen?*) sowie die Organisations-, Übungs- und Aneignungsformen (*Wie soll gelernt werden?*).

Ganz wesentlich sind aber die *allgemeine und die individuelle Lernsteuerung* beim Prozess des Lernens (siehe v.a. Kapitel 3). Die diesbezüglichen Fähigkeiten der Lehrkraft zeigen sich am auffälligsten bei der individuellen Lernsteuerung. Das kann an dem folgenden kleinen Beispiel abgelesen werden.

BEISPIEL

Lasse kann als ein fortgeschrittener Anfänger bezeichnet werden. Er lernt gerade den Vorhand-Topspin gegen Unterschnitt zu spielen. Das macht ihm sichtlich Probleme - zumeist landen seine Bälle im Netz.

Hier ist die Lehrkraft gefordert,

a) sich die Situation genau anzuschauen
b) die Situation zu analysieren
c) ein Feedbackgespräch zu führen
d) Lernhilfen anzubieten
e) zur weiteren Selbsterforschung der Bewegung anzuregen.

Damit das gelingen kann, benötigt sie fundierte Kenntnisse zur Morphologie der Bewegung, zu biomechanischen Abläufen beim Vh-Topspin, zu möglichen Fehlerquellen im Bewegungsvollzug bei Lasse; aber auch Kenntnisse insgesamt zu Feedback und Fehlerkorrektur im Tischtennis.

Nicht zuletzt muss sie auch Lasse als Persönlichkeit sowie die Lerngruppe insgesamt einschätzen können: Wie wird Lasse wohl reagieren, wenn ...? Welche „Sparringspartner*in" käme als Unterstützer*in Frage? Auf welche Hilfestellungen sprach er bislang am besten an?

Fachdidaktisches Wissen ist die zentrale Voraussetzung für den Aufbau einer fachdidaktischen Kompetenz. Jedoch entfaltet sich eine Kompetenz erst im Laufe der Jahre. Von einem Lehrernovizen, einer Lehrernovizin kann auf Grund mangelnder Erfahrung nicht das erwartet werden, was einen Lehrexperten, eine Lehrexpertin auszeichnet.

Sich fachdidaktisches Wissen erschließen und aneignen zu wollen, sollte allerdings auch – und gerade von Novizen – erwartet werden. Bei einer solchen Aneignung geht es natürlich um viel mehr als um die Analysefähigkeit bei Lernproblemen (wie im Beispiel). Fachdidaktisches Wissen bezieht sich insgesamt

auf die *Unterrichtstheorie zum Tischtennis*. Darin eingebettet sind dann Überlegungen zu den Zielen, den Inhalten sowie den Verfahrensweisen (siehe Kapitel 2).
In der vorliegenden Tischtennisliteratur finden sich zu allen Referenzbereichen an verschiedenen Stellen brauchbare Hinweise (z.B. Mayr & Förster, 2014; Horsch, 2018a und b). Hier und da auch umfassende didaktische Konzepte (z.B. Weyers, Müller & Lemke, 2014; Klein-Soetebier, 2019). Der Bereich der Lehr-Lernvorstellungen wird teils integrativ dargestellt (z.B. Schmeelk, 2014; Luthardt, Muster & Straub, 2016). Besondere Beachtung fanden bereits sehr früh die von Klingen (1984) formulierten methodischen Grundprinzipien im Rahmen der Anfängerschulung.

In der vorliegenden Handreichung wird nun der Versuch unternommen, sich ausschließlich auf Überlegungen zum Lehr-Lernprozess zu konzentrieren. Das heißt, Sie als Leser*innen werden hier keine Technikbeschreibungen, keine individual- oder gruppentaktischen Hinweise, auch keine Regel- oder Materialkunde finden. Ebenso fehlen „Kochrezepte“ für die schnelle Unterrichtsstunde oder Trainingseinheit. **Allerdings erleichtern die Darlegungen die eigenständige Entwicklung von Übungseinheiten, vor allem auch mit Blick auf eine Individualisierung von Lehr-Lernprozessen**. In der Folge können methodische Übungsreihen, technische und taktische Elemente oder auch Spielformen von der Lehrkraft in einen übergeordneten, theoretisch fundierten Zusammenhang gebracht werden.
Zu beachten ist, dass sich die Überlegungen auf einen Unterricht für Tischtennis-Einsteiger*innen beziehen. Damit sind sowohl Kinder- und Jugendliche in Schule und Verein gemeint, aber auch erwachsene Lerner*innen, die sich dem Tischtennisspiel zuwenden und sich die ersten Grundlagen aneignen wollen. Für den Unterricht oder das Training von Fortgeschrittenen-Gruppen lassen sich viele der Hinweise – dann modifiziert – nutzen.

2. Jede Lehrkraft braucht eine Theorie und ein erzieherisches Leitbild

Ohne Theorie läuft die Praxis leider oft ins Leere; wie auch umgekehrt gilt, dass eine Theorie ohne Praxistauglichkeit in der Regel ‚blutleer' bleibt. In diesem Abschnitt geht es darum, die *wesentlichen Theorien* und *Bezugsgrößen* für die Gestaltung von Lehr-Lernprozessen im Tischtennis aufzuzeigen. Wir bemühen uns, die Theorie praxisnah darzulegen bzw. den Anwendungsbezug an Beispielen deutlich zu machen.

Theorien müssen unseres Erachtens nicht zwangsläufig akademisch, also literaturgestützt oder empirisch nachgewiesen sein, sondern können sich auch aus sorgfältig reflektierter Praxis entwickeln. Gerade dann entfalten sie ihren Nutzen besonders gut, da sie flexibel an verschiedene Gruppen und Kontexte anpassbar sind. Für die Konstruktion von Lehr-Lernprozessen im Tischtennis sind aus unserer Sicht die aus der Abbildung ersichtlichen Theorien grundlegend.

Lehr-Lernvorstellungen
Didaktik

Sportpädagogik	Lernpsychologie	Theorie zum Motorischen Lernen

Spezifika der in Frage kommenden Techniken und Fertigkeiten:	**Nützliches Wissen für Lernende:**
z.B. Aufschlagvarianten, Schupfen, Topspin, Block, Kontern, Schuss	*z.B. zu Techniken, Strategien, Verhaltensweisen, Regeln, Material, physikalischen Aspekten*

Abbildung 1 – Theoriebezug bei der Gestaltung von Lehr-Lernprozessen im Tischtennis.

Selbstverständlich gibt es weitere Theorien und Referenzgrößen für den TT-Unterricht, vor allem wenn man den Leistungssport oder Hochleistungssport vor Augen hat. Hier müssen beispielsweise bei Trainings- oder Lehr-Lernprozessen Erkenntnisse der Sportmedizin, der Ernährungswissenschaft, der Trainingslehre, biomechanische Analysen, psychologische Trainingsformen usw. mit bedacht werden. Diese Theorien durchfärben sicher in Teilen auch den Beginner-Unterricht, sind allerdings nachrangig zu sehen. **Die im Anfänger-Unterricht zu beachtenden Theorien sind die Sportpädagogik (Kapitel 2.1.), die Lernpsychologie (Kapitel 2.2.) sowie die Theorie zum motorischen Lernen (Kapitel 2.3.)**.

In der Didaktik, und folgend in der täglichen Unterrichts- und Trainingspraxis, sollten sich diese Theorien widerspiegeln. Aber selbst die beste Lehrkraft wird dies nur in Ansätzen schaffen. Dazu ist die Unterrichtsrealität zu komplex sowie stark situations- und störanfällig. Außerdem geschieht das Handeln in der Sporthalle auch nicht immer bewusst – vieles findet intuitiv und ritualisiert statt. Das entlastet sehr und hat den Vorteil, dass man sich ganz auf die Lernenden konzentrieren kann. Außerdem wird das Lehrer*innen-Handeln von eigenen Erfahrungen und Vorlieben geprägt. Auf diese Weise entsteht ein sog. Lehrer*innen-*Leitbild*, welches gerade deshalb hin und wieder selbstkritisch überprüft werden sollte, auch damit sich keine „falschen“ Mechanismen einschleichen oder ganz bestimmte Aspekte des Lehrens und Lernens vernachlässigt werden (Kapitel 2.4.).

2.1. Die Sportpädagogik - Konsequenzen für die Gestaltung von Lehr-Lernprozessen

Wir verstehen unter Sportpädagogik eine der *Allgemeinen Pädagogik* zugehörige Teildisziplin, deren *inhaltlicher Hintergrund* die sportliche Betätigung und das Bewegungshandeln von Menschen ist, die aber im Besonderen nach der damit beabsichtigten humanen bzw. persönlichkeitsbildenden Wirkung fragt. Die Sportpädagogik lenkt den Blick auf die Intentionen, sie fordert zur Reflexion auf (u.a. Grupe & Krüger, 1997; Haag & Hummel, 2001). Wie sollen Sport, Spiel und Bewegung angelegt werden, damit es den Menschen, insbesondere den Kindern und Jugendlichen, gut geht und sie sich dabei in ihrer Persönlichkeit entwickeln können (Balz & Kuhlmann, 2003)? Für den Schulsport hat sich daraus als grundlegende Vorstellung der sog. Doppelauftrag ergeben, der nach unserem Verständnis – sicher immer angepasst – auch für alle Lern- und Trainingsgruppen im Tischtennis gelten sollte.

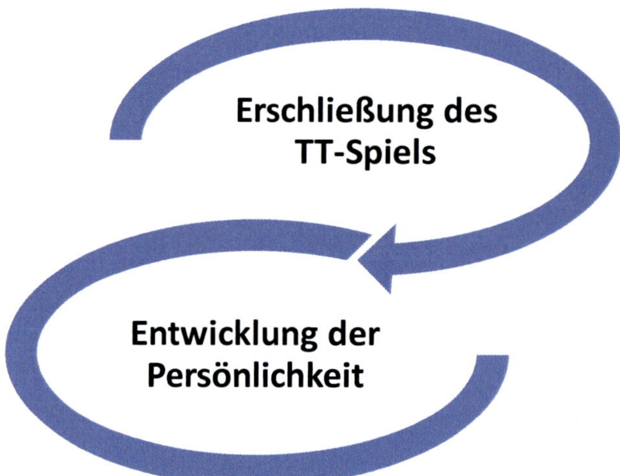

Abbildung 2 – Doppelauftrag als übergeordnete Leitlinie des Handelns (vgl. Ministerium für Schule und Weiterbildung des Landes Nordrhein-Westfalen, 2014).

Erziehung und Bildung finden sowohl im Schulsport als auch im Vereins- und Freizeitsport statt. Oftmals unbewusst, quasi allein auf Grund des Tuns und der darin innewohnenden Kräfte und Wirkungen. Im Schul- und Vereinsbereich allerdings sind die Lehr-Lernprozesse immer bewusst auf (Zwischen-)Ziele hin ausgerichtet.

Im Schulsport sind die Bildungs- und Erziehungsziele in den jeweils gültigen Lehrplänen verankert. Ein TT-Angebot hat sich in der Folge an den ausgewiesenen Ziel- und Kompetenzbereichen zu orientieren (u.a. Klieme & Tippelt, 2008 oder MfSW NRW, 2014). Der Lehrkraft obliegt es, vor dem Hintergrund der Lerngruppe sowie der schulischen Vorgaben (bspw. Schulkonzepte) abzuwägen, welche pädagogische Ausrichtung das TT-Vorhaben bestimmen soll (u.a. Klein-Soetebier, 2019). Je nach Anlass und

Schwerpunktsetzung wird es dann bei der Erschließung des TT-Spiels entweder mehr um das personale, soziale, fachmethodische oder fachliche Lernen gehen. Das hier dargelegte Konzept begrenzt sich nicht auf eine bestimmte pädagogisch-didaktische Ausrichtung, sondern ist offen bzw. ganzheitlich angelegt. Möchte die Lehrkraft im Schulsport eine bestimmte pädagogische Perspektive hervorheben, so kann sie zielbezogene Akzentverschiebungen problemlos vornehmen.

Im Vereinsbereich sind die Zielbereiche prinzipiell als offen anzusehen. Zumeist geht es allerdings den Vereinen darum, die Aktiven möglichst schnell und gut an das wettkampforientierte TT-Spiel heranzuführen. Für das hier dargelegte Vermittlungskonzept im Tischtennis springt dieser Ansatz zu kurz. Ein Lehr-Lernkonzept darf auch hier nicht losgelöst von pädagogisch bedeutsamen Zielen angelegt sein. Sowohl für den Schulsport als auch für den Vereinssport lassen sich übergeordnete pädagogische Ziele formulieren. Sie können wie folgt skizziert werden:

Sportpädagogisch begründete Ziele für ein TT-Vermittlungskonzept

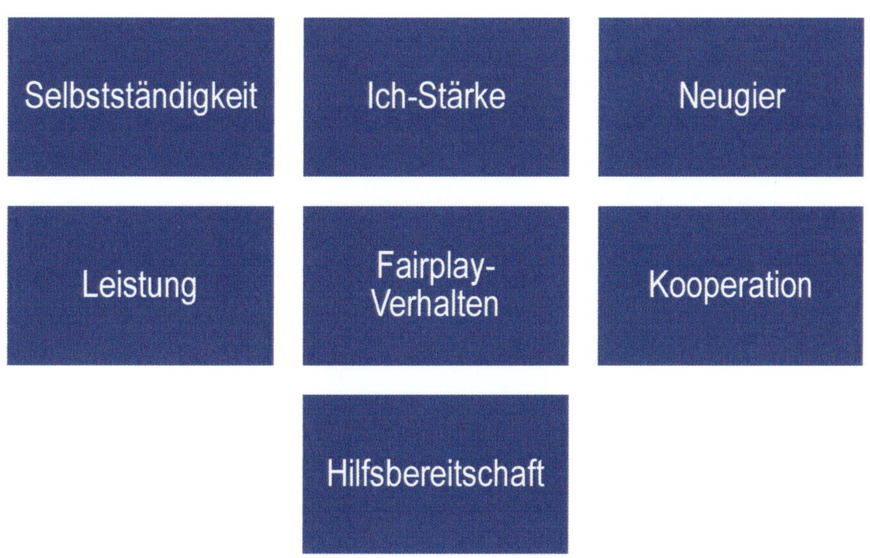

Abbildung 3 – Sportpädagogisch begründete Ziele für ein TT-Vermittlungskonzept.

Selbstständigkeit

Schüler*innen sollten im Rahmen eines TT-Konzeptes die Bereitschaft und Fähigkeit entwickeln, sich eigenständig weiter entfalten zu können. Hier gilt es im Unterricht zunächst die *Selbstmotivation* anzusprechen. Im Lehr-Lernprozess kann die Lehrkraft diesbezüglich folgende Maßnahmen nutzen. Selbstständigkeit kann sich nur entwickeln, wenn sie von der Lehrkraft gewollt ist und unterstützt wird. Dafür braucht es Freiräume. Das heißt konkret, den Schüler*innen beim Lernen und Handeln Möglichkeiten für persönliche bedeutsame Erfahrungen zu geben. Auch die Mitwirkungsmöglichkeiten bei vielen Anlässen der Unterrichtsgestaltung (z.B. bei der Auswahl und Gestaltung von Spielen, Übungen etc.) gehören dazu.

ÜBERSICHT
Anstöße zur Selbstmotivation der Schüler*innen
• Erwartungen an das Verhalten deutlich machen • Leistungsängste vermeiden – zu „produktiven" Fehlern, zum Experimentieren auffordern • Mittels Enthusiasmus zu weiteren Anstrengungen „motivieren" • Immer wieder Modellieren und Vorzeigen („So kann man es auch machen"; „Hast du schon einmal das ausprobiert?"; „Was passiert, wenn du...?" → Lehrkraft zeigt Möglichkeiten auf) • Herbeiführen von feinmotorischen und/oder kognitiven Konflikten („Spiel jetzt einmal gegen Johannes und probiere das gegen ihn aus. Mal sehen, was dann passiert.") • Immer wieder Anspornen, Ermutigung, Feedback, Lob • Selbst hergestellte Videos (z.B. Smartphone) gemeinsam mit Dritten analysieren[3] • TT-Wettkämpfe von Vereins- oder Leistungssportlern besuchen

Darüber hinaus sind immer wieder *methodische Anregungen* nötig (vgl. Abschnitt 4.5.), um ein autonom angelegtes Üben und Trainieren zu ermöglichen (vgl. Heckhausen & Heckhausen, 2010). Entscheidend ist eine gute Balance zwischen Freiraum geben, Anleitung und individueller Unterstützung.

Ich-Stärke

Zur Ich-Stärke gehören Selbstwertgefühl, Selbstvertrauen sowie ein gesundes Selbstbewusstsein. Aber auch die Fähigkeit, mit Herausforderungen und Widrigkeiten umgehen zu können (Resilienz). Von Bedeutung ist ferner, Kritik annehmen und geben zu können; sich auch gegen unberechtigte Anforderungen und Fremdbestimmung wehren zu können. Ich-Stärke entwickelt sich im Unterricht am ehesten, wenn die Lernenden die nötigen Erfolgs- und Könnenserlebnisse haben. Die Übungsleiter*innen bzw. Sportlehrkräfte sollten deshalb anspruchsvolle, jedoch individuell leistbare Aufgaben stellen. Unterstützung und Hilfe sind nötig, dürfen aber nicht die erforderliche Selbstwirksamkeit („Ich habe es selbst geschafft!") gefährden. Darüber hinaus sollten die Schüler*innen so oft wie möglich bei der Gestaltung des Lehr-Lern-Prozesses beteiligt werden. Dabei können sie lernen, ihre Bedürfnisse zu artikulieren, und diese auch im verträglichen Sinne mit Mitschüler*innen und Lehrkraft zu kommunizieren.

[3] In solchen Fällen sind die allgemeinen Bestimmungen des Datenschutzes für Schüler*innen zu beachten.

Bei der Gestaltung der sozialen Abläufe ist darauf zu achten, dass keiner ausgegrenzt, gemobbt oder anderweitig benachteiligt wird. Ab und an sollte die Lehrkraft mittels „anonymisierter“ Kartenabfrage das Lernklima überprüfen.

Ein wichtiger Grundsatz in einem TT-Konzept sollte sein: **Nicht zur Anpassung erziehen, sondern die Individualität im positiven Sinne fördern!**

Das heißt zum Beispiel, auch sinnvolle, eigenständige Veränderungen von Aufgabenstellungen zu akzeptieren, bisweilen herauszufordern und zu unterstützen. Aufgabenstellungen können im Übrigen mündlich, aber auch schriftlich eingebracht werden. Die schriftliche Formulierung ist in der Regel zeitaufwendiger und im ‚normalen‘ Schul- oder Trainingsalltag nur in Teilen möglich. Sie hat aber den Vorteil, dass sie zu mehr individueller Verbindlichkeit sowie „innerer Auseinandersetzung“ mit dem Gegenstand führt.

Hier ein Beispiel für einen kleinen Arbeitsauftrag beim Erlernen des Schupfens:

BEISPIEL

Schupfen – so findest du die passende Übung!

Probiere folgende Varianten aus und stelle fest, was für dich die größte Herausforderung ist:

1. Langsames Hin- und Herspielen, möglichst keinen Fehler machen
2. In einen bestimmten Zielbereich schupfen (nicht zu treffende Spielfläche mit Zeitung abdecken)
3. Kleine Ziele treffen auf der gegnerischen Seite (Bierdeckel, Streichholzschachtel) oder dicht über der Netzkante (mit Wäscheklammern festgemachte Bierdeckel)
4. Schnelles Hin- und Herschupfen
5. Schupfen mit maximal Unterschnitt, sodass dein Trainingspartner Fehler macht

Neugier

Neugier ist der Antrieb jedweden selbstständigen Lernens. Die Schüler*innen sollten im Lehr-Lernprozess vor allem aufgefordert werden, ihre eigene Bewegung zu erforschen. „Was passiert, wenn du mehr von unten ausholst?“; „Wie verändert sich dein Spiel, wenn du diesen Aufschlag machst?“; „Was kannst du tun, um mehr Spin zu erzeugen?“; „Was hat deiner Meinung nach dazu geführt, dass du das Spiel verloren hast?“. Immer wieder sind die Schüler*innen zur Selbstbeobachtung und Selbstreflexion anzuregen. Von Bedeutung ist auch, dass die Erfahrungen der einzelnen im Gespräch ausgetauscht werden. Man lernt eben auch über die Versprachlichung sowie beim Zuhören. Vielleicht wird man neugierig, einmal das auszuprobieren, was gerade ein Mitschüler bzw. eine Mitschülerin dargelegt hat. Auch Video-Analysen, für die Lernenden verständliche Texte zum Tischtennis oder zum „Lernen-lernen“, Trainieren, zur

Gesundheit, zu Fairplay etc. können zur Neugier anregen. Hier ein kleiner Text, der die Schüler*innen motivieren soll, dem Tischtennis-Spiel eigenständig „auf die Spur zu kommen".

BEISPIEL

Die schnellste Sportart der Welt: Tischtennis!

Tischtennis gehört zu den schnellsten Sportarten, die es gibt. Die „normalen" Reaktionszeiten der Spieler*innen reichen zumindest im Wettkampfsport kaum aus, den ankommenden Ball rechtzeitig und kontrolliert (also zielbewusst) zurückspielen zu können. Und auch für Anfänger*innen ist es nicht leicht, schnell zu reagieren, sich richtig in Position zu bringen und dann auch noch mit der richtigen Technik zu antworten.

1. **Welche Strategien und Maßnahmen sind deines Erachtens geeignet, mit dem Reaktions*druck* am besten umgehen zu können?**
2. **Suche zu Hause einmal im Internet nach Antworten und berichte in der nächsten Trainingseinheit über das, was du gefunden hast.**

Leistung

Leistungsbereitschaft und Leistungsfähigkeit sind in jedem Unterricht einzufordern und zu fördern. Die Lehrkraft sollte dabei den Leistungsbegriff in zweifacher Weise auslegen. Zum einen als eine individuelle Könnenskategorie. Hierbei wird Leistung in Relation zu den jeweiligen persönlichen Ausgangsvoraussetzungen und Möglichkeiten gesehen. Wer über viel Talent und sehr gute körperliche Voraussetzungen verfügt, sich zudem anstrengt, der wird zwangsläufig ein höheres Leistungsvermögen erzielen können als jemand, der über sehr ungünstige Eingangsvoraussetzungen verfügt. Erreicht aber jene Person auf Grund besonderer Anstrengungsbereitschaft ebenfalls einen hohen Leistungszuwachs, so ist dies entsprechend wertzuschätzen. Diese pädagogische Sichtweise unterscheidet sich von einer rein sachbezogenen Herangehensweise, bei der danach gefragt wird, was die jeweilige Person denn nun konkret kann, z.B. im Spiel beherrscht. Kann sie den Topspin spielen oder nicht? Gelingt ihr das kontinuierliche Schupfen oder nicht? Wie erfolgreich ist sie im Wettkampf? Vor allem im Rahmen einer nötigen Leistungsbewertung (Notengebung) oder bei einem Turniereinsatz in einem Teamwettbewerb wird es kaum möglich sein, völlig gerecht mit den sowohl objektiv als auch subjektiv zu betrachtenden Leistungsentwicklungen umzugehen. Allerdings sollte sich die Lehrkraft in diesem Spannungsfeld um größtmögliche Transparenz und einen fairen Umgang bemühen.

Fairplay-Verhalten

Fairplay ist mehr als das Einhalten von TT-Regeln. Die Schüler*innen sollten lernen, auf „Psychotricks" und „Mätzchen" ebenso zu verzichten wie auf das extensive Ausleben von Gefühlen. Der faire und empathische Umgang mit Sieg oder Niederlage sollte in jedem TT-Konzept ein wichtiges Thema sein. Schüler*innen sollten lernen, dem Gegner Respekt zu zeigen. Sie sollten gute Leistungen anderer anerkennen und nicht abwerten. Faire Gesten und schöne Rituale im Unterricht können ein solches Verhalten verstärken. Vielleicht sollte in jeder TT-Halle der folgende Fair-Play-Katalog aushängen und die darin enthalten Appelle bei entsprechender Gelegenheit wachgerufen werden:

BEISPIEL

Fairplay geht auch im TT vor!

- ✓ Ich betrachte meine Mitschüler*innen und auch meine Gegner als Partner.
- ✓ Ich verschaffe mir keine Vorteile auf Kosten meines Gegenübers, weder beim Lernen, noch im Wettkampf.
- ✓ Ich achte mit darauf, dass es in der Sporthalle allen gut geht; ich leiste Hilfe bei allen Gelegenheiten.
- ✓ Ich versuche immer Spaß bei meinen Übungen oder auch Wettkämpfen zu haben. Es ist schließlich ein Spiel.
- ✓ Ich gehe mit Sieg oder Niederlage so um, dass mein Gegner nicht abqualifiziert oder gar gedemütigt wird.
- ✓ Ich helfe so gut es geht mit, wenn es etwas in der Halle zu tun gibt (sammele z.B. Bälle mit auf oder helfe beim Auf- und Abbau).

Kooperation

Schulform- und stufenübergreifend lassen sich mittels des Sportspiels Tischtennis verschiedene Schwerpunkte setzen. Bei der pädagogischen Perspektive des „Kooperieren, Wettkämpfen und sich Verständigens" (u.a. Kurz, 2002; Balz & Neumann, 2013; Neumann, 2004) geht es vorrangig um die Förderung sozialer Erfahrungen. Tischtennis bietet hier sehr gute Möglichkeiten, da es bei einem Rückschlagspiel immer darauf ankommt, sowohl das Miteinander als auch das Gegeneinander konstruktiv zu gestalten. **Das Sich-Verständigen impliziert eine aktive Rolle der Schüler*innen im Dialog.** Dieser Dialog ist erforderlich, um verschiedenste Anlässe verträglich auszuhandeln. Beispiele hierfür können sein:

- Übungen mit dem Lernpartner, der Lernpartnerin so gestalten, dass sie für beide ein Gewinn werden.

- Übungen zu zweit oder zu dritt so verändern, dass sie lerneffektiv werden und zugleich möglichst allen Freude machen.
- Sämtliche Techniken lassen sich auch im Wettkampf in Absprache akzentuieren (z.B. im Spiel darf nur Vorhand-Konter gespielt werden, Aufschlagpunkte zählen doppelt etc.).
- Auch auszuhandelnde Handicaps für versierte Spieler*innen können mit dazu beitragen, Chancengleichheit herzustellen und zugleich ein für beide Seiten interessantes Spiel zu ermöglichen. Bei der Wahl der Handicaps kann ggf. die Lehrkraft mit ihren Ideen behilflich sein (z.B. Spiel mit „schwacher Hand", Gegenarm auf dem Rücken, nur im Stand spielen, kein eigener Versuch zu einem aktiven Punktgewinn, Spiel mit kleinem Schläger u.v.a.m., s.u.a. Klein-Soetebier, 2019).
- Obwohl es sich um eine Einzelsportart handelt, lassen sich Spielformen entwickeln, die einen kooperativen Charakter aufweisen. So z.B. beim „Summenspiel", bei dem die Einzelergebnisse der Schüler*innen (erzielte Punkte) zu einem Mannschaftsergebnis kumuliert werden. Dies hat den Vorteil, dass auch die Niederlagen leistungsschwächerer Schüler*innen einen positiven Einfluss auf das Gesamtergebnis haben, da jeder einzelne Punkt zählt.

Hilfsbereitschaft

Tischtennis ist als Rückschlagspiel wie geschaffen, die Hilfsbereitschaft mit einzufordern und zu fördern. Dies zeigt sich im Rahmen des Vermittlungskonzeptes vor allem an der Ausformung zweier Rollen: Sparringspartner*in und Lernhelfer*in. Beide Rollen können von TT-Beginner*innen nur ausgeformt werden, wenn sie - neben der nötigen Bereitschaft - vor allem auf entsprechende Kenntnisse und Fähigkeiten zurückgreifen können. Im Bereich der Fähigkeiten sind dies u.a. fachliche Fähigkeiten (z.B. Techniken, Spielverhalten, Zuspielen können), aber auch soziale, methodische und kommunikative Fähigkeiten (z.B. plausible Veränderung eines Lernarrangements herbeiführen können; das Gegenüber einfühlsam und trotzdem klar ansprechen können; angemessen Feedback geben können). Diese Fähigkeiten sollten im Unterricht immer wieder mit angesprochen und gemeinsam mit den Schüler*innen entwickelt werden. Hier eine kleine Hilfe, die bei Feedbackgesprächen genutzt werden kann:

BEISPIEL

Feedback-Regeln in unserer Lerngruppe

1. Fordere selbst Feedback gezielt ein (Das möchte ich besser können ... / Dazu wünsche ich mir Feedback ...).
2. Höre deinem Feedback-Geber gut zu und akzeptiere zunächst einmal seine Hinweise, auch wenn sie dir vielleicht „komisch“ oder „unangebracht“ vorkommen.
3. Als Feedback-Geber achtest du bitte darauf, a) deinen Partner aufzubauen b) ihm nicht mehr als zwei Hinweise zu geben.
4. Versucht nach dem Feedbackgespräch zusammen das Besprochene auszuprobieren bzw. beim Üben zu beachten (ACHTUNG! Manchmal zeigen kleinste Veränderungen erst etwas später die erhoffte Wirkung).

Zu beachten ist, dass sich erst nach und nach die nötigen Kompetenzen entwickeln werden. Es braucht also Zeit und Erfahrung, um der Hilfsbereitschaft auch die entsprechende Wirkung verleihen zu können. Besonders wenn nur wenige Unterrichtseinheiten zur Verfügung stehen, fällt es den Lehrkräften erfahrungsgemäß schwer, sich für diese Fähigkeiten einzusetzen, da zwischen Umziehen, Auf- und Abbau sowieso zu wenig Zeit zum TT-Spielen übrigbleibt. Hilfsbereitschaft zeigt sich aber selbstverständlich auch schon in kleinen Routinen wie dem Herstellen, Verändern und Beenden der Lernumgebung (z.B. Tische abbauen, Bälle einsammeln, aufräumen usw.).

2.2. Die Lernpsychologie - Konsequenzen für die Gestaltung von Lehr-Lernprozessen

Jede Lehrkraft sollte sich bei der Anlage ihres Unterrichts, insbesondere bei den Überlegungen zum Lehr-Lernprozess, auf die Erkenntnisse und Hinweise der Lernpsychologie stützen. Diese befasst sich vor allem mit der Frage, wie Lernende Informationen aufnehmen, verarbeiten und speichern. Teilaspekte der Gehirn-Biologie und Psychologie, z.B. der Motivations- oder Gedächtnispsychologie, spielen in diesen Zusammenhängen eine große Rolle. Grundlegende Lerntheorien, wie der Behaviorismus, der Kognitivismus und der Konstruktivismus enthalten für die Lehrkraft wichtige Hinweise, die in einem modernen und zielgeleiteten Unterricht alle von Belang sind (für einen Überblick siehe Kiesel & Koch, 2012). Die wichtigsten Folgerungen für ein TT-Lehr-Lernkonzept lassen sich aus folgender Übersicht entnehmen:

ÜBERSICHT
Grundannahmen zum TT-Lehr-Lernprozess
- Lernende sind keine „Füllbehälter" – sie sind die Subjekte des Lernens, mit eigenen Vorstellungen, Vorlieben und zahlreichen unterschiedlichen Fähigkeiten, die beim Lernen eine entscheidende Rolle spielen.
- Lernende benötigen zielführende Informationen, die von ihnen aber individuell unterschiedlich aufgenommen und verarbeitet werden.
- Die Motivation sowie Gefühle und Emotionen spielen bei Lernprozessen eine große Rolle.
- Das Arbeitsgedächtnis, die kognitive Flexibilität und die Inhibition sind wichtige persönliche Grundlagen, die es zu beachten gilt.
- Die Anschauung von den Gegenständen (Techniken, Spielweisen) ist Grundlage, aber auch Ziel von Lernprozessen.
- Wiederholung, Durcharbeiten und Üben sind für den Erfolg und die Nachhaltigkeit des Lernens sehr wichtig.
- Das Vormachen, Modellieren, die Bewegungsanweisungen etc. sind bedeutsam. Aber ebenso das selbstständige Erkunden, die eigenen Lernwege, das Experimentieren. Lernende brauchen individuelle Freiräume zum Lernen.
- Die Grundbedürfnisse von Lernenden beim Lernen sollten möglichst häufig zufriedengestellt werden (Autonomieerleben, Erfolgserlebnisse, Anerkennung und Resonanz).

Der hier zur Verfügung stehende Raum erlaubt keine ausführlicheren Darlegungen zu den einzelnen Grundannahmen[4]. Vor allem die Beantwortung der Frage, *wie* die Vorstellungen im TT-Lehr-Lernkonzept im Einzelnen umgesetzt werden können, würde den Rahmen sprengen. Die Erfahrung zeigt aber, dass Lehrende oftmals Dinge verkennen oder falsch einschätzen, ohne dass ihnen das bewusst ist. Einige dieser **wenig plausiblen Handlungsweisen** werden im Folgenden kurz skizziert. Ein Vorschlag zu einer alternativen Vorgehensweise schließt sich an.

Handlungsweise 1: Es werden zu Beginn eines Lehr-Lernprozesses viel zu viele Informationen an die Lernenden herangetragen

Vermutlich nimmt die Lehrkraft an, dass nur dann gelernt werden kann, wenn die Schüler*innen über ausreichend viele Informationen verfügen. Oder sie glaubt, dass sich ganz schnell fehlerhafte Automatismen einschleichen, wenn bestimmte Details vernachlässigt werden. In der Folge werden oftmals mehrphasige Bildreihen einer TT-Technik eingesetzt und akribisch besprochen.
Die Vorerfahrungen, Kenntnisse – und vor allem die Kapazität des Arbeitsgedächtnisses – lassen ein solches Vorgehen als untauglich erscheinen. Besser ist es, den Lernenden 2-3 Schlüsselsequenzen für ihre ersten „Technikversuche" an die Hand zu geben. Hier ein Beispiel zum Vh-Topspin:

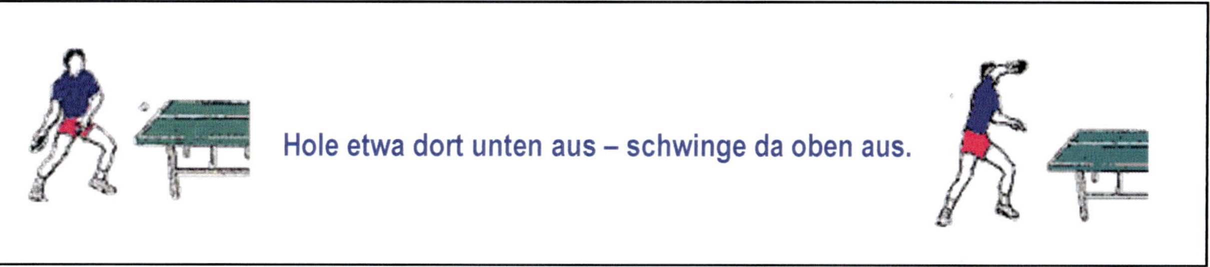

Abbildung 4 – Schlüsselsequenzen beim Vorhand-Topspin. Bilder entnommen aus den Arbeitsmaterialien der Zeitschrift „Sportunterricht" (www.sportunterricht.de/sek2/kursdober/tischsort1.html).

Dieses Vorgehen verhindert zudem, dass die Lernenden versuchen, einzelne Positionen der Bilderreihe nachzuahmen und die Bewegung in Teilschritten ausschließlich nachstellen. Hierdurch geht ein großer Teil der Dynamik, die es bspw. bei dem o.g. Vh-Topspin braucht, verloren. Die Lernenden sollten hier dazu ermutigt werden, eigenständig Bewegungen auszuprobieren und (Bewegungs-)Erfahrungen zu sammeln, die zu einem positiven Endresultat führen (Luthardt, Muster & Straub, 2016).
Erst allmählich können parallel zum Lernprozess weitere Merkmale der Bewegung angezeigt und besprochen werden. Auf diese Weise werden die „Sollwerte" bzw. Teilfunktionen einer Technik immer weiter aktualisiert. Erst im Könnerzustand können kleinste Details besprochen und ins Bewusstsein

[4] Weitergehende Informationen findet der interessierte Leser in der angegebenen Literatur.

gehoben werden. Nur wenn konkrete (Bewegungs-)Probleme auftreten, ist es empfehlenswert, auf Lernhilfen und bewegungsunterstützende Hilfen zurückzugreifen. Um bei dem oben genannten Beispiel des Vorhand-Topspins zu bleiben, bietet es sich bspw. an, zwei Langbänke parallel zueinander schräg in eine Sprossenwand einzuhängen. In dem Spalt zwischen den beiden Bänken soll dann ein Tischtennisball mit dem Schläger oder der Handfläche vorsichtig nach oben gerollt werden – ohne ihn anzuschieben. Alternativ können die Bänke auch auf einen Turnkasten aufgelegt werden (Winkel ca. 45°). So können die Übenden dabei unterstützt werden, den „weichen" Ballkontakt zu erfahren und ihn im richtigen Moment streifen zu können, damit er nach vorne rollt. Für die Verdeutlichung einer schrägen Schlagebene, wie sie beim Topspin benötigt wird, lässt sich bspw. eine Tischtennis-Spielfeldumrandung nutzen, die man auf der einen Seite auf einen Tischtennistisch stellt. An dieser schiefen Ebene kann dann die Topspinbewegung mit offenen oder auch geschlossenen Augen ohne Ball verinnerlicht werden. Teilweise kann es den Lernenden auch bei der Schlagausführung helfen, sich einmal aus einer Außenperspektive zu sehen. Mit Smartphones oder Tablets der Schüler*innen können sie sich bspw. von der Seite oder von schräg vorne bei der eigenen Bewegungsausführung beobachten.

Handlungsweise 2: Es soll so gespielt und gelernt werden, wie es idealtypisch sinnvoll erscheint, z.B. in Lehrbüchern niedergelegt ist

Natürlich spielen biomechanisch sinnvolle Abläufe oder individualtaktisch erprobte Wege eine wichtige Rolle im Lehr-Lernprozess. Sie dürfen aber nur als eine Richtschnur verstanden werden, denn immer wieder gibt es Lernende, die individuell sinnvolle, andere Formen einer Technikausführung praktizieren und damit später selbst im absoluten Spitzentischtennis erfolgreich sind. Zudem können Statur, Athletik, Schlägermaterial, Motivation und Spielstil eine wichtige Rolle spielen.
Zu empfehlen ist, mittelfristig leistungslimitierend erscheinende Technikausführungen oder biomechanische Widersprüche zu unterbinden, aber auch ungewöhnliche Variationen zu tolerieren und ggf. sogar zu fördern[5]. Dementsprechend ist eine sinnvolle didaktische Reduktion der Komplexität von Spielsituationen mit vereinfachter, individueller Technik zu lösen. Eine Abkopplung der Technik von der realen Spielsituation führt zu Transferproblemen, da den Lernenden innerhalb der Technikübungen weder die Funktionalität der Bewegung klar wird, noch die aus dem Spielgeschehen isolierten Techniken im Spiel angewandt werden. Dies liegt daran, dass sie im Lernprozess nicht die jeweilige Technik als funktionales Mittel erfahren, um eine gezielte Spielsituation effizient zu lösen (Prohl, 2010; Scheid & Prohl, 2017).

[5] Für weitere Informationen zum s.g. „Technikkanal" empfehlen sich die Überlegungen von Friedrich (1993) und Friedrich und Fürste (2012, dort Kapitel 7.9). Auch Luthardt, Muster und Straub (2016) zeigen in einem Kapitel (dort Kapitel 5.3) die Besonderheiten unterschiedlicher TT-Techniken auf.

Handlungsweise 3: Bei der Fehlerkorrektur werden Fehler eher aufgezeigt als empathisch besprochen

In der Praxis wird der der *Art und Weise* der Korrektur von Bewegungsfehlern zumeist zu wenig Aufmerksamkeit geschenkt. Die Lehrkraft gibt oftmals sehr schnell an, was falsch und zu verändern ist. Zu bedenken ist aber, dass Fehlerkorrektur von den Schüler*innen nur allzu leicht als Kritik an ihrer Person verstanden wird. Selbstverständlich muss die Lehrkraft ihr Wissen einbringen, und sofern eine Hauptursache vorliegt, den Blick darauf lenken. Manchmal liegt es auch an der noch nicht ausgeprägten oder einer falschen Bewegungsvorstellung. Hier helfen dann Veranschaulichungen weiter: Demonstration, Bilder, kurzes Video, Trockenübungen usw.

Nimmt man die Sicht der Lernenden ein, so wünschen sich diese eher Orientierungs- und Lernhilfen; vor allem aufbauend-motivierende Rückmeldungen. Zu bedenken ist ferner, dass nicht alle Schüler*innen gleich begabt sind. Hier und da sollte man sich daher mit weniger perfekten Bewegungsausführungen zufriedengeben. Dann gilt es, die besonders guten Anlagen weiter auszubauen und zu stabilisieren. Wichtig ist es, die Schüler*innen auch bei der Fehleranalyse und Ursachenforschung mit einzubeziehen: *„Was meinst du, woran kann das liegen, dass dein Blockball zu oft hinter der gegnerischen Grundlinie und im Aus landet?", „Was hast du schon alles versucht, um das zu vermeiden?", „Was könntest du noch probieren?", „Mit wem aus der Lerngruppe könntest du das üben?"* Durch lösungsorientierte Fragestellungen kann die Lehrkraft so auch das Lernverhalten bzw. die Art zu Lernen schulen[6].

Handlungsweise 4: Die einzelnen Übungen werden eng vorgegeben

Gerade zu Beginn einer Tischtennis-Schulung werden in der Praxis die Übungen von der Lehrkraft zumeist nacheinander vorgegeben und erläutert. Vielfach finden dabei die methodischen Grundprinzipien Beachtung (siehe auch *Kapitel 4.5*), die darauf ausgerichtet sind, ein „Lernen für alle" zu erleichtern (vgl. Klingen, 1984). Ein Lernen im Gleichschritt hilft zwar der Lehrkraft, den Unterricht möglichst ökonomisch zu steuern, kann aber der Heterogenität einer Lerngruppe nicht gerecht werden. Daher sollte bereits relativ früh im Lernprozess der Unterricht geöffnet werden, denn insbesondere die Talentierten und „Anderslerner*innen" sollten eigene Lernwege gehen können. Sie wollen auch nicht gegängelt werden.

Grundsätzlich ist die Selbstständigkeit der Lernenden anzusprechen. Sie sollten auf Dauer selbst wissen, was für ihr Fortkommen nützlich ist. Zumal sich die Dinge (also auch die Übungen), die selbst durchdacht werden, viel tiefer in das Gedächtnis eingraben und in der Folge zu nachhaltigeren Ergebnissen führen.

[6] Einen umfangreichen Überblick zu pädagogischen und psychologischen Aspekten der Fehlerkorrektur gibt Hotz (1996). Zum Beispiel sollten die drei wesentlichen Ansätze verfolgt werden: „Frage viel – Urteile wenig – Erkenne das Wesentliche".

2.3. Die Theorien zum motorischen Lernen - Konsequenzen für die Gestaltung von Lehr-Lernprozessen

Das Erlernen von TT-Fertigkeiten findet in einem Zusammenspiel von Sensorik (Wahrnehmungsfähigkeit) und Motorik (Bewegungssteuerungsfähigkeit) statt. Wichtige Analysatoren für die Wahrnehmung sind der optische Analysator (Auge), der akustische Analysator (das Ohr), der taktile Analysator (Haut-/Druck-/Muskelgefühl), der vestibuläre Analysator (Gleichgewicht/Lagegefühl) sowie der kinästhetische Analysator (Muskel-, Gelenk-, Hautrezeptoren). Die Sinnesorgane vermitteln dem Zentralnervensystem die nötigen Informationen, um Bewegungen planen, durchführen und beurteilen zu können.

Das motorische Lernen ist ein hochkomplexes Geschehen. Es lässt sich im Prozessablauf wie folgt skizzieren (in Anlehnung an das Handlungsmodell nach Meinel & Schnabel, 1998):

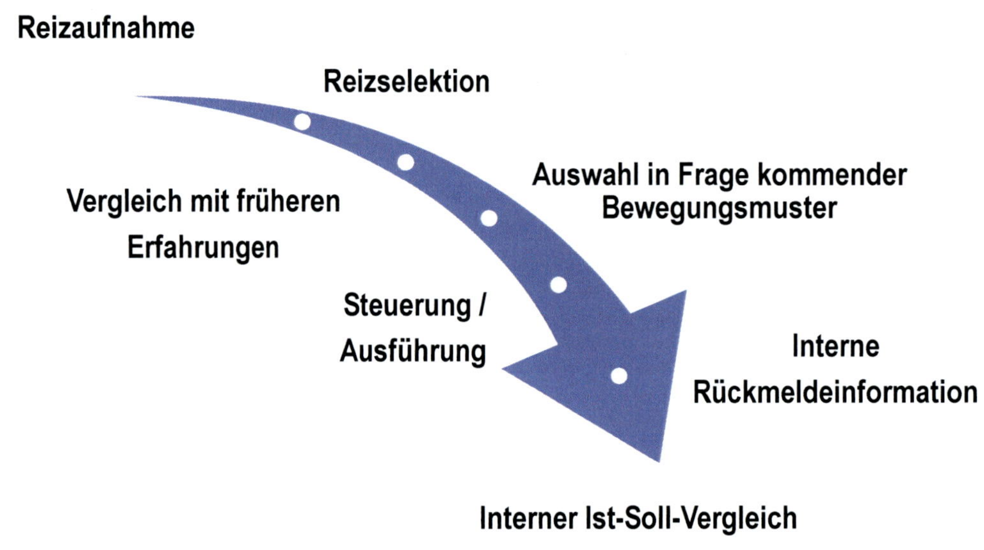

Abbildung 5 – Prozessablauf einer motorischen Handlung (in Anlehnung an Meinel & Schnabel, 1998).

Unbestritten ist, dass die Motivation und Konzentration die Qualität des Bewegungslernens stark beeinflussen, und zwar auf allen Lern- und Könnensstufen.

In einem Tischtennis-Konzept lassen sich vereinfacht drei Phasen des Lernens unterscheiden:

Deutlich bewusste Phase des Lernens – **Grobform** der Bewegung

- Die TT-Beginner*innen müssen sich das Ziel und die elementaren Abläufe sehr bewusst machen
- Es wird viel Aufmerksamkeit benötigt für das Ziel und die eigene Bewegung
- Erste, gröbere Bewegungsformen werden entwickelt
- Lern- und Orientierungshilfen sind wichtig; die Analysatoren sollten beim Aneignungsvorgang gezielt genutzt werden

Assoziative Phase des Lernens – **Feinform** entsteht

- Fertigkeiten werden wiederholt und geübt
- Es wird weiter ausprobiert, Merkmale werden hinzugefügt und/oder verfeinert, Fehler nehmen ab; Fertigkeiten werden schon stabiler, runder, ökonomischer
- Feedback ist in dieser Phase besonders wichtig

Autonome Phase des Lernens – **Feinstform** wird erreicht

- Techniken und Bewegungen können schnell und ohne große Aufmerksamkeitszuwendung ausgeführt werden
- Erste, entlastende Automatismen entstehen – Freiraum für zusätzliche Leistungsbereiche entsteht (z.B. für Individualtaktik, Athletik, Kondition)
- Beratung und Austausch werden wichtig

Die vorliegenden Studien zum motorischen Lernen sind selbst für Experten kaum überschaubar (für einen Überblick siehe Meinel & Schnabel, 1998, Kapitel 4). Sie kommen teils auch zu unterschiedlichen Ergebnissen, vor allem mit Blick auf die Fragen, ob nun von Beginn an deduktiv, analytisch-synthetisch, ganzheitlich, differenziell oder induktiv-genetisch gelernt werden soll, oder ob die Aufmerksamkeit eher auf die Bewegungen oder das Ziel des Lernens ausgerichtet sein soll, oder wie Feedback sich auswirkt u.v.a.m.

Wir empfehlen daher der Lehrkraft, in ihrer Praxis offen für unterschiedliche Herangehensweisen zu sein. Sie selbst muss immer überprüfen, ob ein Lehr-Lernweg nun an dieser Stelle im Lernprozess für diese Zielgruppe, für diesen Schüler, diese Schülerin sinnvoll und lohnenswert ist. Nach unserer Auffassung können beide, alternativen Herangehensweisen sinnvoll sein und das Lernen unterstützen.

BEISPIEL

Lehrkraft A lenkt die Aufmerksamkeit von Tobias primär auf das Ziel der Bewegung: Spiele den Vh-Topspin möglichst sicher und diagonal in die Vh-Seite deines Spielpartners. Konzentriere dich auf den Auftreffpunkt auf der gegnerischen Tischhälfte.

Lehrkraft B lenkt die Aufmerksamkeit von Tobias mehr auf die Wahrnehmung der eigenen Bewegung: Achte auf eine ausreichende Ausholbewegung (fast gestreckter Arm) und dann darauf, dass du den Arm spielen lässt und nicht vorher die Bewegung abbrichst. Schwinge bis oben-seitlich-vorne durch.

Ähnlich verhält es sich mit den Vorstellungen zur Bedeutung von methodischen Übungsreihen auf der einen und dem Ansatz des differenziellen Lernens auf der anderen Seite (vgl. Schöllhorn u.a., 2009). Unsere Leitgedanken lauten daher: **Erleichtere und unterstütze den Aneignungsvorgang! Alles, was den Lernenden hilft zu lernen und besser zu werden, ist geeignet.**

Nachfolgend stellen wir einige Empfehlungen zum Bewegungslernen bzw. Lehr-Lernprozess vor. Sie haben sich in den verschiedensten Zielgruppen beim Aufbau einer ersten TT-Spielfähigkeit bewährt.

<u>Tipp 1</u>: Sorge für positive Lernerfahrungen

Alle Aufgabenstellungen sollten so ausgewählt werden, dass die Lernenden möglichst positive Erfahrungen machen können. Erfolgserlebnisse sind die wichtigsten Antreiber für erfolgreiches Lernen. Nur wenn sich positive Gefühle einstellen, werden die Schüler*innen in der Folge die nötigen sensorischen und motorischen Aktionen gerne und gut ausführen. Das heißt nun nicht, die Anforderungen herunterzuschrauben. Es kommt auf die optimale Passung an. Dazu gehört dann auch, die Lernumgebung entsprechend zu gestalten; insbesondere die „richtigen“ Übungspartner*innen zusammenzubringen.

Im Schulsport sollten auch die materiellen Bedingungen motivierend sein. Dazu gehören qualitativ hochwertige TT-Tische, Netze sowie eine ausreichende Anzahl an Bällen. Bei den TT-Schlägern lassen teil-defekte Hölzer, abgewetzte und wenige griffige Beläge kein wirkliches TT-Spiel zu; Erfolgserlebnisse sind dann nur in begrenztem Maße möglich.

<u>Tipp 2:</u> Mache den Schüler*innen zunächst den *<u>Sinn</u> einer Technik*, einer Handlung deutlich – die Bewegungsvorstellung ist auch wichtig, aber nachrangig

Die Sinnvorstellung ist nicht zu verwechseln mit der Bewegungsvorstellung. Den Sinn zu erfassen ist wichtig, um zu einer Einsicht über die Zusammenhänge des Lernens zu gelangen. Was wird mit dieser Technik bezweckt? Welche Vorzüge hat es, etwas auf diese Weise zu können? In Abschnitt 4.4. werden zu den einzelnen Techniken entsprechende Hinweise gegeben. Hier vorab ein Beispiel zum Vh-Konter: Der Sinn eines Vh-Konterballs besteht darin, den ankommenden, schnellen und mit geringer Rotation gespielten Ball ähnlich schnell zurückzuspielen, <u>um selbst nicht in eine defensive Position zu geraten.</u> Nur wenn die Lernenden dies verstehen, werden sie ihre Energien zielgeleitet einsetzen können, im besten Fall viel Spaß an einem schnellen Hin-und-Her-Kontern finden. Vielleicht finden sie auch schnell einen Rhythmus, der zur Wiederholung auffordert. Eigenes Körper-, Tisch- und Technikverhalten haben sich in der Folge entsprechend auszurichten. Hilfreiche Hinweise zum Aufbau einer Bewegungsvorstellung („Darauf kommt es in erster Linie an ...“) müssen sich natürlich anschließen. Feedback ist ebenfalls nötig.

Tipp 3: Forciere das Learning-by-doing sowie das eigene Experimentieren mit der Bewegung

Die Schüler*innen sind beim Lernen anzuleiten und zu begleiten. Aufgabenstellungen und Übungen sind von der Lehrkraft gezielt auszuwählen. Aber bereits sehr früh im Lehr-Lernprozess sollten die Lernenden aufgefordert werden, Erforscher ihrer eigenen Bewegungs- und Lernmöglichkeiten zu werden. Das Experimentieren mit unterschiedlichen Bewegungsausführungen, das Kontrastieren von Bewegungen, das Spiel mit der „verkehrten" Hand, mit unterschiedlichen Strategien (mal halten, mal angreifen, mal verteidigen) stellen nur einige der Möglichkeiten dar. Völlig abwegige Spielchen und Mätzchen sollten allerdings nicht toleriert werden.

Tipp 4: Fördere das Lernen mit allen Sinnen

Lernaufgaben und Lernsituationen sollten so gestaltet werden, dass die Lernenden ihre Sinne gezielt nutzen. Beim Erlernen des Tischtennisspiels sind bis auf den olfaktorischen Sinn alle Sinne beachtenswert. Besondere Bedeutung hat aber der kinästhetische Sinn, weil er Raum-, Zeit-, Kraft-, Schnelligkeits-und Spannungsverhältnisse im eigenen Körper entdeckt. Dieser „Tiefensinn" gibt entscheidende Rückmeldungen über die Eigenbewegung, z.B. zur Leichtigkeit oder und auch den Rhythmus einer Bewegung.

Hier einige Beispiele und Impulse zur Nutzung der einzelnen Sinne:

Akustischer Analysator/Hören:

- Achte beim Topspin darauf, dass du möglichst *kein* deutliches Schlaggeräusch hörst.
- Beim Schmetterschlag solltest du ein „klack" oder „peng" vernehmen.
- Begleite deine Bewegung mit einem hörbaren pusten, ächzen, stöhnen.
- Höre einmal auf deine selbst erzeugten Geräusche.
- Höre auch, was dein Partner bzw. der Gegner „von sich gibt".

Optischer Analysator/Sehen:

- Schau, bevor du den Aufschlag spielst, ob und wo du auf der Rh-Seite stehst.
- Beobachte, wie dein Schlägerblatt steht – mehr offen – mehr geschlossen – mehr halboffen?
- Beobachte, wie die Flugkurve deines Balles aussieht. Beschreibe sie einmal.
- Achte einmal nach dem Schlag darauf, wo sich deine Schlaghand befindet?
- Schau dir genau die Bewegung von Malte an. Vergleiche sie mit deiner eigenen Video-Aufnahme.

Taktiler Analysator/Haut-Tastsinn:

- Was verändert sich, wenn du den Schläger ganz fest, mittelfest, locker, ganz locker in der Hand hältst?
- Wie fühlt es sich an, mit nackten Füßen Tischtennis zu spielen? Stehst du jetzt mehr auf den Ballen, der Ferse, dem Mittelfuß?
- Welches Gefühl erzeugt ein anderer Schläger bei dir? Probiere einmal unterschiedliche Schläger aus.
- Bei Könnern: Fühlst du eine unterschiedliche Schwingung im Schläger, wenn du ...?

Vestibulärer Sinn/Gleichgewicht:

- Was passiert, wenn du bei der Grundstellung fast nur auf den Ballen stehst?
- Spiele den Schmetterball einmal so, dass du den Oberkörper und die Hüfte deutlich mit drehst.
- Gefördert werden kann der Gleichgewichtssinn über unterschiedliche Aufgabenstellungen und Inhalte beim Aufwärmen (Slackline, Ringen und Raufen, Laufübungen auf unterschiedlichem Grund).

Kinästhetischer Sinn/Bewegungsempfinden:

- Spiel jetzt den Topspin einmal mit 50 % deiner maximalen Kraft/Geschwindigkeit, und später mit 80 % - welchen Unterschied merkst du?
- Achte auf dein Handgelenk – ist es beim Rh-Konter anfangs leicht zum Körper hin angewinkelt oder eher steif?
- Die Bewegung beim Schupfen fühlt sich eher an wie ein leichtes Schaukeln des Unterarmes. Schau mal ... so ...
- Der Rhythmus wird nur erreicht, wenn man schnell vorwärts-rückwärts-vorwärts mit leichter Körperdrehung spielt ... Ich mache das mal vor ...
- Versuche beim Rh-Aufschlag den unteren Arm (da ruht der Ball) leicht gebeugt unter dem Spielarm zu halten. Das fühlt sich an, als wenn die Arme dann leicht überkreuzt wären.

Luthardt, Muster und Straub (2016) beschreiben verschiedene „Lerntypen“, die unterschiedlich auf Fehlerkorrekturen ansprechen und bieten für diese unterschiedlichen „Typen“ Strategien an, die sie ebenfalls mit der Nutzung aller Sinneswahrnehmungen untermauern. Sie betonen, dass die

Fehlerursache bzw. die Optimierung der Technik häufig in „unsichtbaren Mängeln“ (ebd., S.142f.) liegen, die beispielsweise durch ungenaue Wahrnehmungsleistungen, unvollständige Situationseinschätzungen (z.B. falsche Interpretation der Rotation) oder mangelnde Kenntnisse (z.B. physikalische Eigenschaften) hervorgerufen werden. Gerade hier empfehlen die Autoren, mit unterschiedlichen Sinnen bzw. Wahrnehmungsreizen zu agieren.

Tipp 5: Lasse das Bewegungsgefühl beschreiben

Motorik, Sprache und Denken wirken zusammen. Auch wenn sich Beginner*innen anfangs damit schwertun, ihr Bewegungsgefühl zu beschreiben, so werden sie im weiteren Lernverlauf feststellen, dass sie durch die sprachliche Durchdringung von eigenen Bewegungsempfindungen eine deutlich größere Bewusstseinsebene erreichen. Im Regelfall sind entsprechende Qualitätssteigerungen beim Lernen zu erwarten. Metaphern können im Übrigen eine gute Hilfe sein. Insbesondere können solche Metaphern oder auch Analogien bei Kindern die Versprachlichung anstoßen (z.B. Tielemann & Raab, 2009). Hier einige Beispiele dazu.

Beispiel (Metapher): Fühlt sich der Schmetterball eher an wie ein „Schlagen mit der Fliegenklatsche“ oder mehr wie ein „Ruckartiges Drehen des Oberkörpers“?

Beispiel (Analogie): „Beim Rh-Schupf kannst du dir auch vorstellen, du schnitzt mit einem Messer einen Stock vorne spitz“ oder „Beim Vh-Topspin sieht dein Körper ungefähr so aus wie eine Saloon-Tür in einem Western“: Je nachdem mit welcher Hand du lieber schlägst, schwingt deine rechte/linke (Körper-)Seite vor und zurück, während die andere Seite relativ fest (wie eine Türangel) steht“. Oder „Beim Rh-Topspin kannst du dir auch vorstellen, dass du eine Frisbee mit einem Unterhandwurf weit werfen möchtest. Führe die gleiche Bewegung mit deinem Schläger aus (nur dass du den Schläger festhalten solltest)“.

Tipp 6: Mache immer wieder vor – zeige sinnvolles Spielverhalten

Das Vormachen ist speziell im ersten Beginner-Stadium ausgesprochen wichtig. Die Botschaft lautet: So könnte oder sollte die Bewegung in etwa aussehen. Verbindet die Lehrkraft das Vormachen mit dem Erklären, so werden wichtige Informationen zeitgleich miteinander verknüpft. Wie bereits an anderer Stelle ausgeführt, sollte allerdings die Zahl der Informationen so reduziert werden, dass die Lernenden dies auch tatsächlich im Moment des Lehrerhandelns verarbeiten können. Rückfragen und ggf. wiederholtes Demonstrieren können das Behalten und Verarbeiten erleichtern. Ebenso kann die Ausführung einer Technik oder eines Bewegungsverhaltens in Zeitlupe der besseren Anschauung dienen.

Aus motivationalen Gründen sollten immer wieder auch Mitspieler*innen vorspielen. Es ist aus Schülersicht eben günstig, wenn man feststellt, „das könnte ich ja auch bald erreichen“. Will die Lehrkraft „falsche Ausführungen“ einer Technik zeigen, so sollte sie keinesfalls Schüler*innen dazu heranziehen.

Tipp 7: Fördere die Beobachtung anderer Spieler*innen

Das Mit- und Voneinander-Lernen ist zunächst einmal ein pädagogisches Gebot. Für das Erlernen von technisch-motorischen Abläufen ist das „Abgucken“ deshalb so bedeutsam, weil man – bei gezielter Lerneinstellung – immer mental mitspielt. Die technisch-koordinativen oder auch individual-taktischen Verhaltensweisen führen zu einem vorstellungsmäßigen Nachvollziehen. Mit der Vorstellung verbunden sind unbemerkbare Aktivitäten im neuromuskulären System. Voraussetzung ist aber, dass den Schüler*innen die Bewegungsabläufe bereits ein wenig vertraut sind. Die gemeinsame Betrachtung eines Videos, der Besuch eines attraktiven TT-Spiels oder auch „nur“ das Betrachten eines Matches zwischen zwei Mitschüler*innen kann zudem kurzfristig für eine ansteckende Wirkung und Motivation sorgen.

Tipp 8: Achte auf geeignete Lernhilfen und eine lernwirksame Korrektur

Lernschwierigkeiten sind beim Lernen normal, sonst wäre es ja kein Lernen. Die Überwindung von Schwierigkeiten ist im Prinzip der eigentliche Lernakt. Sind solche Herausforderungen alleine nicht zu bewältigen, sollte die Lehrkraft entsprechende Lernhilfen anbieten. Welche dann in Frage kommen, kann nur im jeweiligen Einzelfall beurteilt werden. Eine Lehrkraft muss daher ihre Schüler*innen gut kennen, um sinnvolle Lernhilfen oder Korrekturen anbieten zu können. Bei manchen Schüler*innen sind mögliche Probleme handlungspsychologisch zu erklären, bei anderen wiederum liegt es vielleicht an der falschen Sinn- und/oder Bewegungsvorstellung, bei anderen wiederum sind die sensorisch-bestimmten Prozesse der Wahrnehmung und Entschlüsselung gestört. Vereinzelt liegt sicher auch mangelndes Talent vor.

Lernhilfen können auf die unterschiedlichste Weise angeboten werden. Hier eine kleine Auswahl:

- Veränderung der Lernübung (Ziel, Schwierigkeit, Raum, Partner, zusätzliche Hilfsmaterialen[7], Spielkorridore auf dem Tisch usw.)
- Kurzzeitige, taktile Begleitung beim Vollzug
- Kurzzeitige Lautierungen beim Vollzug
- Erneuerung der Sinn- und Bewegungsvorstellung
- Spiel mit der Lehrkraft
- Bewegungsaufgaben ohne TT-Spiel

---

[7] Eine Sammlung zusätzlicher Hilfsmittel und deren Einsatzmöglichkeiten findet sich im Anhang.

- Mentales Lernen
- Schattenspiel mit der Lehrkraft oder einem dafür qualifizierten Mitschüler
- Verbalisieren lassen der Bewegung

Bei der Bewegungskorrektur sind zunächst einmal die pädagogisch relevanten Kriterien zu beachten (Anerkennung von kleinsten Lernleistungen, Ermutigung, lösungsorientierte Sicht, vertrauensvolles Gespräch, selbstständige Lösungssuche). Zu fragen ist immer auch, ob eine Korrektur zum aktuellen Zeitpunkt überhaupt zielführend ist. Manchmal erledigen sich „Probleme" von selbst. Mit Blick auf die sensomotorischen Belange sollten folgende Zusammenhänge beachtet werden:

- Es sollte sehr zeitnah nach einer Bewegung korrigiert werden (20sek-Regel)
- Es sollte immer nur ein Fehler korrigiert werden
- Es sollte zunächst jener Fehler korrigiert werden, der Auslöser für die Probleme sein könnte
- Kontrastierungen können oft Aha-Erlebnisse auslösen
- Zeitweiliges Ausblenden der gestörten Bewegung und Spiel mit den „geschätzten" Fähigkeiten
- Korrektur mit dem schwachen Arm

<u>Tipp 9:</u> Achte auf ein intelligentes Üben

Das Üben soll hier als Lernakt verstanden werden, damit sich erwünschte Techniken und Verhaltensweisen stabiler ausbilden. Es ist in diesem Sinne nicht gleichzusetzen mit dem Einschleifen oder Automatisieren von Abläufen, wie es in der Regel für TT-Leistungssportler überaus bedeutsam ist. Stupides und lustloses Üben ist in jedem Fall Zeitverschwendung. Nur ein intelligentes Üben führt zu erkennbaren Lern- und Leistungsfortschritten. Intelligent ist es, wenn es ...

- zielgebunden und strukturiert bzw. systematisch angelegt ist.
- wenn es vernetzt organisiert ist und sachstrukturelle Zusammenhänge beachtet.
- wenn es die Selbstaktivität und innere Beteiligung der Sportler*innen anspricht.
- wenn es motiviert, weil die Lernumgebung stimulierend wirkt.

Verteiltes oder doch massiertes, variables oder doch einfach-regelmäßiges Üben – Was ist denn nun richtig? Die Forschung scheint das zu belegen, was Praktiker schon immer bedacht haben: Verteiltes Üben ist dem massierten Üben überlegen (z.B. Maxeiner, 1985). Das bedeutet, mehrmals kleinste Übungseinheiten einbinden, statt an einem Unterrichts- oder Trainings-Tag eine Stunde am Stück üben. Auch sollte darauf geachtet werden, dass das Üben im ausgeruhten Zustand stattfindet. Zwischen einzelnen Übungen können Pausen eingelegt werden, damit die Übenden sich wieder sammeln und konzentrieren. Proaktionale oder postaktional auftretende Interferenzen sind nach Möglichkeit zu vermeiden. Das heißt, dass eine Überlagerung von noch nicht stabilem Können verhindert werden sollte. In der Praxis heißt das, dass beispielsweise Vh-Konterübungen nicht dicht nach oder vor Vh-Topspin-Übungen erfolgen sollten, sofern beide Techniken noch nicht stabil ausgeformt sind.

Wesentlich für die Motivation und das Gelingen sind die Einsicht der Lernenden in die Ziel- und Sachzusammenhänge sowie die adäquaten Übungspartner*innen. Die sinnvolle Einbettung von spielnahen oder wettkampfnahen Übungen kann den Sinn- und Sachzusammenhang herstellen. Immer wieder sollten Übungen und Übungsarrangements variiert werden, damit es Spaß macht zu üben. Erste Wettkampferfahrungen geben Rückschlüsse, was noch verbessert werden muss.

2.4. DIE ENTWICKLUNG EINES LEHRER*INNEN-LEITBILDS

Ein Leitbild ist eine von der Lehrkraft reflektierte Zielvorstellung, nach der sie ihrer Tätigkeit nachgeht. Die Zielvorstellung beruht auf ihren Einstellungen, Werten und Normen. „Was ist mir bei meiner Tätigkeit mit Blick auf das Lehren und Lernen im Tischtennis besonders wichtig?", so könnte die Frage einer TT-Lehrkraft lauten. Je nachdem, wie die Antwort ausfällt, kann mit einer unterscheidbaren Praxis gerechnet werden. Hier zwei Leitbilder, die sich zwar nicht grundsätzlich unterscheiden, aber doch erkennbar unterschiedliche Vorstellungen zum Ausdruck bringen.

BEISPIEL	
Lehrerleitbild A	**Lehrerleitbild B**
Ich möchte eine Lehrkraft sein, die den Schüler*innen Lust auf Tischtennis macht und ihnen das TT-Spiel so vermittelt, dass sie Freude an einem gemeinsamen und für sie passenden Spiel finden. Sie sollen sich im Unterricht wohlfühlen und sich am besten gemeinsam die Grundlagen aneignen.	Ich möchte eine Lehrkraft sein, die den Schüler*innen Lust auf attraktives Tischtennis macht und ihnen ein TT-Fundament vermittelt, welches sie möglichst selbstständig ausbauen und verfeinern können.

Es kann angenommen werden, dass Lehrkraft A gelassener mit der Lern- vor allem aber mit der Leistungsentwicklung seiner Schüler*innen umgeht. Auch scheint ihr das kooperative Handeln und das Klima in der Lerngruppe besonders wichtig zu sein. Vermutlich werden auch kleinere Spielformen für Abwechslung sorgen. In die Beziehungsarbeit wird evtl. mehr investiert als in Lernsteuerungsprozesse, in Feedback, Korrektur usw.

Bei Lehrkraft B fällt auf, dass sie der Selbstständigkeit offenbar ein hohes Gewicht beimisst und sie von der Attraktivität des Tischtennis-Spiels angetan ist. Ob es sich dabei um längere Ballwechsel oder aber um angriffsorientiertes TT-Spiel handelt, bleibt offen. Jedenfalls hat die Lehrkraft ihr Bild vom attraktiven Tischtennis im Kopf. Vielleicht lässt sie andersorientierte Schüler-Vorstellungen von Attraktivität gar nicht zu. Aber das ist natürlich hier sehr spekulativ; wie im Übrigen auch die anderen Annahmen. Man müsste sich im besten Falle die Praxis beider Lehrkräfte anschauen, um zu einem abgesicherten Bild zu kommen. Wichtig erscheint uns, dass eine Lehrkraft sich ab und an selbst und ihr Lehrer*innen-Leitbild reflektiert. So schützt sie sich und die ihr anvertrauten Schüler*innen vor möglichen Fehlentwicklungen und/oder einseitig angelegten Konzepten.

3. Entscheidend sind die Lernenden mit ihren Voraussetzungen

Bei der Entwicklung von Konzepten sind Theorien wichtig; auch individuelle Vorstellungen der Lehrkraft. Letztlich entscheidend aber sind die *Lernenden* mit ihren Voraussetzungen und Möglichkeiten. Konzepte sind auf Dauer nur dann gut, wenn sie die Lernenden ansprechen und mitnehmen.

Im Vermittlungsprozess kommt es zunächst darauf an, die *Gruppe insgesamt* im Blick zu haben. Die Heterogenität ist ein Kennzeichen jeder Lern- oder Trainingsgruppe: Geschlecht, Alter, Vorerfahrungen, Größe, Athletik, Motivation und viele andere Dinge sind zu beachten und wirken sich auf unterschiedliche Weise in jeder Unterrichts- und Trainingsstunde aus. Darüber hinaus führt die Gruppenzusammensetzung stets zu einer spezifischen Gruppendynamik, die zudem permanent im Fluss ist. **Grundsätzlich gilt es, jede einzelne Spielerin, jeden einzelnen Spieler in ihrer bzw. seiner Individualität zu erfassen und darauf bezogen die Lernangebote sowie Begleitvorgänge im Unterricht anzupassen.**

Die Lehrkraft stößt bei der konkreten Umsetzung immer wieder an ihre Grenzen. Sie kann sich den hier formulierten Ansprüchen nur teilweise annähern. Ein zu hohes Maß an Eigenerwartungen kann zu Enttäuschungen führen. Daher ist es wichtig, sich realistische Ziele zu setzen und die didaktischen Erwartungen nicht zu hoch zu schrauben. Grundsätzlich lassen sich für das Lehr-Lernkonzept folgende Konsequenzen für unterschiedliche Gruppen (Kapitel 3.1) und für die Individualisierung von Lehr-Lernprozessen (Kapitel 3.2) ableiten.

3.1. LEHR-LERNPROZESSE IN UNTERSCHIEDLICHEN GRUPPEN

Ein TT-Vermittlungskonzept muss zunächst einmal *intentional* auf die jeweilige Zielgruppe abgestimmt sein. Ein Schnupperangebot in einer Schulklasse sieht anders aus als ein Vermittlungskonzept in einer stabil angelegten Tischtennis-AG. Im Vereinssport sind Angebote für den Schüler- und Jugendbereich, für Erwachsene, für den Freizeit- oder Leistungsbereich zu unterscheiden. Das TT-Konzept in der studentischen Ausbildung wiederum muss sowohl den späteren Berufsbezug als auch die sportpraktische Befähigung im Blick haben.

Einen großen Einfluss haben auch die äußeren Rahmenbedingungen. Zu nennen sind vor allem die zur Verfügung stehende Unterrichtszeit, die Anzahl der TT-Tische, das Schlägermaterial. Mit Blick auf die Spezifika der Zielgruppe und unter Beachtung der äußeren Rahmenbedingungen sollte jede Lehrkraft vorab die Ziele ihres Unterrichtsvorhabens hinterfragen. Folgende Leitfragen eignen sich dazu:

(1) Was wollen meine Schüler*innen *später* mit dem TT-Spiel anfangen? (Persönlicher Verwendungszusammenhang)
(2) Wie soll dann das Ergebnis der Lehr-Lernprozesse aussehen? (Kompetenzen)
(3) Welche Fähigkeiten und welche Kenntnisse benötigen sie dazu? (Inhalte)

Sind Kompetenz- und Zielfragen geklärt, fällt der Blick auf die Lehr-Lernwege anschließend leichter. In freizeitorientierten Zusammenhängen wird man eher einen spielerisch-ganzheitlichen Vermittlungsweg wählen, der ab und an von isolierten Übungsaufgaben ergänzt wird; während man in einer auf den Wettkampfsport abzielenden Gruppe alle Vermittlungs- und Aneignungsformen in einem klug auf die Zielgruppe abgestimmten Konzept integrieren wird.

Zur Veranschaulichung der Konsequenzen für den Lehr-Lernprozess werden idealtypisch die Jugendarbeit im Verein und der Schulunterricht in einer Klasse 7 gegenübergestellt:

ÜBERSICHT		
Merkmale	**Vereinssport Jugendarbeit**	**Unterricht Klasse 7**
Lernausgangslage	In der Regel sehr motivierte Kinder und Jugendliche Längerfristig angelegtes Arbeiten Sehr gutes Unterrichtsmaterial, Equipment der Schüler*innen	Äußerst heterogene Ausgangslage, vor allem mit Blick auf die motivationalen und sozialen Bedingungen Nur 7-8 Unterrichteinheiten möglich Oftmals schlechte materiale Bedingungen; TT-Schlägermaterial lässt kaum ein Spin- oder Schnittspiel zu.
Zielsetzung	Die Entwicklung der TT-Spielfähigkeit steht im Zentrum	Doppelauftrag des Schulsports: a) Persönlichkeitsförderung bzw. Selbstkompetenzentwicklung b) Einführung in das TT-Spiel, so dass die Schüler*innen ggf. in ihrer Freizeit das Gelernte verwenden können; evtl. Anbahnung der Selbstlernkompetenz im Tischtennis
Inhalte	Wichtige Techniken, Spielregeln, Individualtaktik	Unterschiedliche Spielideen. Allerdings hängt die Verwirklichung stark vom Schlägermaterial sowie Kenntnisstand der Lehrkraft ab: Gruppe A = Miteinander TT-Spielen, möglichst längere Ballwechsel erreichen, freiere Spielformen Gruppe B = Angriffsorientiertes Spiel, Topspin, Block, oder Konter-Modell, entsprechende Aufschläge
Lehr-Lernprozess	• Orientierung an idealtypischen Techniken • Orientierung am Wettkampfsport • Übungen sehr sachorientiert und idealtypisch angelegt, gleichwohl Individualisierung bei der Übungssteuerung: in den Variationen, bei der individuellen Ansprache, bei Feedback und Korrektur • Klare Ablaufstruktur: z.B. Aufwärmen, Einspielen,	• Notwendigkeit zur Schaffung einer Grundmotivation. • Unterschiedliche Vermittlungsmodelle, um z.B. der Heterogenität vor allem in der Interessenslage der Schüler*innen Rechnung zu tragen. • Bei schlechtem Schlägermaterial: Zumeist eher Schupfen oder Schieben. • Einfache, regelmäßige Übungsformen • Aufmunternde Spielformen (Rundlauf, Grabentisch, TT-Squash)

	Übungen, Wettkampfspiele innerhalb der Trainingsgruppe	

Wie bereits angeführt, ist keine Lerngruppe homogen. Zu unterschiedlich stellen sich die Vorerfahrungen, die motorischen Fähigkeiten und Talente, auch die sozialen, emotional-willentlichen und handlungsleitenden Voraussetzungen dar. Wie kann man darauf reagieren?

Sicher ist es klug, zunächst ein für alle erreichbares Fundament an Fähigkeiten und Kenntnissen anzustreben. Je nach Fähigkeit der Lehrkraft kann in der Folge – und bereits sehr zeitnah – mit einer voraussetzungsorientierten *Binnendifferenzierung* begonnen werden. Das heißt, dass man der Lerngruppe zum Beispiel zwei unterschiedliche Möglichkeiten des TT-Spiels eröffnet; z.B. ein „mehr Miteinander-Spiel" und eher „Gegeneinander-Spiel". Daraus resultieren dann unterschiedliche Techniken und Anforderungen. Allerdings wird man in beiden (allen) Zielgruppen darüber nachdenken müssen, wie man die Aneignungsvorgänge bestmöglich erleichtern und unterstützen kann. Das können Anpassungen der Übungsformen ebenso wie nützliche Lernhilfen sein. Sinn- und Bewegungsvorstellungen sowie die Nutzung der Sinne, sinnvolle Feedback- und Korrekturweisen gehören ebenfalls dazu.

3.2. INDIVIDUALISIERUNG VON LEHR-LERNPROZESSEN

Die Gestaltung der Lehr-Lernprozesse geht in der Praxis oftmals von rein sachstrukturellen Erwägungen aus (z.B. „Heute geht es in meiner Gruppe um den Schuss"). Das erleichtert sicher das Unterrichten, wird aber nur selten den Lernenden mit ihren Interessen und Fähigkeiten, ihrem Lerntempo und ihren Zugangsmöglichkeiten gerecht. Idealerweise sollten sich Lehr-Lernprozesse an der sportlichen Ausgangslage sowie individuellen Lernfähigkeit der Schülerinnen und Schüler orientieren. Wie kann das gelingen? Hier einige didaktische Antworten.

Die Aufgabenstellungen

Das wichtigste Instrument im Unterricht sind die individuell angepassten Aufgabenstellungen. **Sie sollten so konstruiert werden, dass der einzelne Schüler Erfolgszuversicht entwickelt, gleichzeitig aber auch hinreichend gefordert ist.** Im Tischtennis gibt es fast unbegrenzte Möglichkeiten zur Anpassung von Aufgaben. Das kann den Technikeinsatz betreffen, z.B. gewählte Technik, Platzierung, Spin, Schnelligkeit usw., das können aber auch in ein und derselben Übung jeweils passende Wahrnehmungseckpunkte bzw. Details sein (z.B. unterschiedliche Sinne, unterschiedliche Eckpunkte einer Bewegung).

BEISPIEL

Hier zur Technikausführung Rh-Konter:

- Leon, du achtest in der Übung zum Rh-Kontern insbesondere darauf, dass du dein Handgelenk mehr einsetzt bzw. beteiligst.
- Miriam, du versuchst dich darauf zu konzentrieren, den Ball früher nach dem Aufsprung zu treffen.
- Max, du spielst den Konter 2-3 Mal diagonal und den nächsten parallel. Saskia versucht immer in deine Rh-Seite zu retournieren.

Auch im allgemein-motorischen oder im individualtaktischen Verhalten können wichtige Ansatzpunkte für individuell angepasste Aufgabenstellungen liegen (z.B. „Deine Aufgabe ist es, den Aufschlag so flach wie möglich und sicher einzuspielen").

Öffnung des Unterrichts für Freiarbeit

Freiarbeit heißt für die Lernenden nicht, alles tun und lassen zu können, was sie mögen – und für die Lehrkraft nicht, dass sie sich jetzt aus dem Unterricht ausblendet. **Vielmehr wird den Schüler*innen freie Lernzeit eingeräumt. In dieser können sie eigene Lernziele verfolgen.** Die Spiel- und Übungspartner*innen können ggf. frei gewählt werden. Die Lehrkraft hat die Schüler*innen bei der Gestaltung dieser „freien" Phase zu unterstützen, und sie sollte das Geschehen auch kontrollieren und bei Unfug bzw. Missbrauch intervenieren. Während der Begleitphase sollte die Lehrkraft an den jeweiligen Tischen nachfragen: „Was ist dein Ziel des Lernens? Was willst du genau verbessern?"

BEISPIEL

Hier zur Wahrnehmungssteuerung beim Unterschnittaufschlag:

- Martin, welche Effekte erzielst du, wenn du das Schlägerblatt mehr zu dir hin kippst? Kontrolliere zwischendurch einmal deine (Schläger-)Blattposition.
- Phillip, spiele den Aufschlag aus einer viel tieferen und breiteren Grundstellung heraus. Erst wenn du die Beugung spürst, spielst du den Ball ein.
- Theresa, verändere einmal die Unterarmdynamik. Ich zeige es dir einmal .... So ... Was verändert sich bei dir dann?

Wochen-/Trainingspläne – Kann-Listen

Ist ein TT-Unterricht längerfristig angelegt (z.B. im Vereinssport), so können mit einzelnen Schüler*innen Wochen- oder Trainingspläne aufgestellt werden. **Gerade im Vereinskontext bei wechselnden Trainern bzw. Trainerinnen je nach Trainingstag oder Trainingsort (z.B. Vereinstraining oder Stützpunkttraining) dienen diese Trainingspläne auch der Transparenz und einer einheitlichen Argumentation von Lerninhalten.** Sie helfen das Lernen zu strukturieren und die Leistungsentwicklung systematischer aufzubauen. Auch im Schulkontext können (individualisierte oder klasseninterne) Pläne eingesetzt werden, um Schüler*innen ihre Leistungsentwicklungen transparenter zu machen (siehe auch Anhang V: Möglichkeiten der Leistungserfassung).

Kann-Listen können dem Schüler, der Schülerin helfen, sich selbst realistisch einzuschätzen und daraufhin die Lernziele abzustimmen. Hier ein Beispiel zum Rh-Rollaufschlag:

MEIN BEOBACHTUNGSBOGEN – DAS KANN ICH BEREITS					
Beispiel: „Mein Rückhand-Rollaufschlag“					
1 = sehr gut / 5 = gelingt mir gar nicht	**1**	**2**	**3**	**4**	**5**
Flaches Einspielen auf der eigenen Tischfläche					
Leichter Oberschnitt ist feststellbar					
Schnelles Einspielen					
Sicheres Einspielen					
Aufschlag geht dorthin, wo ich ihn platzieren möchte					
Vor und nach dem Aufschlag bin ich hellwach					
Ich kann den Aufschlag bereits sicher spielen					

Stationen-Lernen

Fast jedem Übungsleiter, jeder Sportlehrkraft ist das Format des Stationsbetriebes bekannt. **Im Sinne eines zu individualisierenden Unterrichts sind die Stationen allerdings so anzulegen, dass das Lernen – und nicht das Trainieren – das vorrangige Ziel ist.** Daher kommt es entscheidend auf die Lernaufgaben und Lernmöglichkeiten an den Stationen an. Sie sind daher gründlich vorzubereiten. Ein Nutzen von Lern-Stationen kann nur dann bestehen, wenn sie nicht nur als willkommene Abwechslung gesehen, sondern intensiv für das Lernen genutzt werden. Lernkarten an den Stationen sollten für eine gute Zielorientierung und einen schnellen Zugriff durch die Schüler*innen sorgen. Im Anhang finden sich einige Beispiele und Lernkarten, die so oder in leicht abgewandelter Form im TT-Unterricht Verwendung finden können. Hier ein Beispiel einer Lernkarte[8] aus einem Schulunterricht mit Beginnern.

[8] Kleiner Tipp am Rande: Als Lehrkraft sollte man wichtige Arbeitsmaterialien laminieren, um sie so immer wieder einsetzen zu können.

BEISPIEL

Station: **Vh-Topspin / Ziel: Rotation erzeugen**

Aufgaben:

1. Schaut euch die Topspinbewegung auf der ausgelegten Skizze genau an.
2. Versucht die Bewegungen erst einmal zu imitieren, ohne den Ball zu spielen.
3. Geht danach die folgende Übungsreihe durch. Nutzt bitte den zweifarbigen Ball. So erkennt ihr besser die Rotation.

   a. In korrekter Ausgangsstellung den Ball nach mehrmaligem Aufspringen *auf der eigenen Tischfläche* mit der VH-Topspinbewegung zum Partner spielen; dieser fängt den Ball und spielt entsprechend zurück. *Achtung: Der Ball sollte ganz nah an der Grundlinie aufspringen / sich Zeit lassen beim Einleiten der eigenen Topspin-Bewegung!*
   b. A spielt den Ball mit flachem, langen Unterschnitt-Aufschlag in die Vh-Seite von B – B zieht mit Vh-Topspin – A fängt den Ball auf und spielt erneut ein. Nach einiger Zeit Rollenwechsel.
   c. Topspinbewegung mit Rotationsverstärkung (Wer erreicht die stärkste Ballrotation?)
   d. Topspin gegen Block – regelmäßig

Bei Fragen und Problemen sprecht euren Lehrer oder einen Mitschüler an!

Und ... nur konzentriert lernen, bringt euch etwas!

Die besten Ratgeber für das eigene Lernen sind die Lernenden selbst. Sie sollten daher möglichst frühzeitig genügend Kenntnisse mit Blick auf das „Lernen lernen" vermittelt bekommen. Dabei müssen sie auch lernen, eigene Stärken und Schwächen zu erkennen und einzuschätzen (vgl. Beispiel *Kann-Liste zum Rollaufschlag*). Nur dann werden sie das Lernen in Teilen selbst organisieren und Verantwortung für sich und andere übernehmen können.

Hier ein grundsätzlicher Katalog von Maßnahmen zum Lernen lernen, der mit der Trainings- oder Schulgruppe besprochen und fortwährend Beachtung finden sollte.

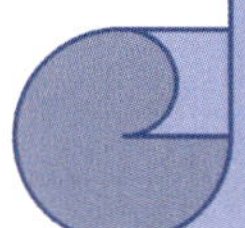

„10 Tipps für ein besseres Lernen“

1. Sich verbessern wollen
2. Selbst Verantwortung für das Lernen übernehmen
3. Neugierig sein
4. Übungen intensiv nutzen – konzentriert sein
5. Sich Feedback holen
6. Weitere Lernangebote nutzen
7. Miteinander und voneinander lernen
8. Das Gelernte auf den Prüfstand stellen
9. Wenn es nicht voran geht, andere Wege beim Lernen einschlagen
10. Sich selbst für Lernerfolge belohnen

Abbildung 6 – Maßnahmenkatalog zum Lernen lernen – „10 Tipps für ein besseres Lernen“.

4. Das ist bei der Technikvermittlung ebenfalls zu bedenken

Tischtennis zu vermitteln, ist ein schönes, aber auch sehr anspruchsvolles Unterfangen. Mehrfach war schon die Rede davon, dass zahlreiche Herausforderungen zu bewältigen sind. **In der einschlägigen Literatur finden sich dazu an unterschiedlichen Stellen jeweils erkenntnisreiche Hinweise**, z.B. zur Tischtennistechnik (z.B. Groß, 2015), -taktik (Geske & Müller, 2016), zu Lehrmethoden (z.B. Friedrich & Fürste, 2012; Luthardt, Muster & Straub, 2016; Klingen, 1984) und speziell zum Tischtennis in der Schule (z.B. DTTB/Schmeelk, 2014; Weyers, Müller & Lemke, 2014; Mayr & Förster, 2014 oder Horsch, 2018a/b). Im Folgenden werden weitere Einflussfaktoren erörtert. Die unserer Ansicht nach wichtigsten davon sind die Berücksichtigung der Rahmenbedingungen des Handelns (Kapitel 4.1) sowie die heterogene Ausgangslage der Lernenden (Kapitel 4.2). Im Mittelpunkt des Konzeptes steht zudem das Von-und-Miteinander-Lernen (Kapitel 4.3). Wird den Lernenden der Sinn von Techniken und Handlungen deutlich gemacht, entsteht die für das Lernen notwendige Grundlage (Kapitel 4.4). Bei der sich anschließenden Vermittlung von (neuen) Techniken geht es schließlich darum, bei der Konstruktion von Übungsaufgaben methodische Grundprinzipien zu beachten (Kapitel 4.5).

4.1. Die Rahmenbedingungen des Handelns beachten

Als wesentliche Rahmenbedingungen können die Gruppengröße und die Organisationsform genannt werden. Bei einer Schulklasse von 24-30 Schüler*innen muss die Lehrkraft 6-8 Tischtennis-Tische gleichermaßen im Blick haben. Dabei finden viele (Partner-)Aktionen gleichzeitig statt. Für die Technikschulung bedeutet das u.a. Übungen auszuwählen, die auch zu viert am Tisch noch angemessenes Lernhandeln erlauben. Dazu gehört auch die geschickte Positionierung von Links- und Rechtshändern. Immer wieder wird auch der komplizierte, zeitraubende Auf- und Abbau der Tische genannt, der die effektive Lernzeit reduzieren kann. Hier muss die Lehrkraft zudem darauf achten, dass die Tische ordnungsgemäß und sicherheitskonform auf- und abgebaut werden. Wird den Schüler*innen zu Beginn einer Unterrichtsreihe in Ruhe gezeigt und erklärt, worauf es bei der Gestaltung der Lernumgebung ankommt, und dies dann in der zweiten Unterrichtseinheit noch einmal wiederholt, so ist in der Folge mit einem weitgehend reibungslosen Auf- und Abbau zu rechnen. **Die effektive Lernzeit wird gesichert.**

Gibt es hinreichend viele Tische, können gleichwohl widrige Hallenbedingungen das Lehren und Lernen erschweren; z.B. wenn nur ein Hallendrittel zur Verfügung steht. Es bieten sich zwar Rundlaufformen oder Doppelspiele an, die in gewissem Maße auch genutzt werden sollten; schlussendlich wollen die

Schüler*innen erfahrungsgemäß jedoch auch Einzel spielen. Friedrich und Fürste (2012) haben in einem sehr schön illustrierten Lehrbuch zahlreiche Spielformen gesammelt, die unter anderem eben diese Problematik berücksichtigen, indem man sich in den 1-1-Spielsituationen z.B. durch Jokerspiele, Ablösespiele, Laufspiele etc. miteinander arrangiert.

Tischtennis unterscheidet sich am deutlichsten von anderen Rückschlagsportarten durch die besonders starke Rotation des Balles. Um bestimmte Schlagtechniken, wie z.B. einen Topspin, spielen zu können, ist jedoch auch ein qualitativ hochwertiges Schlägermaterial nötig. Mit den oftmals im Schulsport vorzufindenden, alten, abgespielten Schlägern lassen sich bestimmte Schlagtechniken gar nicht realisieren. Die Lehrkraft muss sich daher frühzeitig um ausreichend viele und geeignete Schläger kümmern. Verschiedene Hersteller bieten für den Schulsport robustes und zugleich zweckmäßiges Schlägermaterial kostengünstig an. Auch Bälle sind relativ preisgünstig zu beschaffen. Viele Verbände, Shops und übergeordnet der Deutsche Tischtennisbund bieten darüber hinaus spezielle Pakete für Schulen an (z.B. das „Spiel-mit-Tischtennis-Set" sowie „Kooperationspaket Schule und Verein").

Nicht zuletzt ist das tischtennisspezifische ‚Knowhow' der Lehrkraft als Voraussetzung zu nennen. Die Sportart verändert sich im Hinblick auf Spielmaterial, Regeln, Schlagtechniken und -taktiken, sodass die Lehrkräfte alsbald nach ihrem Studium (wenn sie überhaupt Tischtennis als Fach hatten) nicht mehr auf dem aktuellen Stand sind. Hier empfehlen sich regelmäßige Fortbildungen und enge Kooperationen mit Vereinen, Verbänden oder Hochschulen, um sich über aktuelle Lehrmethoden bei Anfängern austauschen zu können. Sind günstige Rahmenbedingungen für den Tischtennis-Unterricht geschaffen, kann sich die Lehrkraft ganz auf das Wesentliche konzentrieren: das Lehren und Lernen. Dabei kann die Beachtung der nachstehenden Empfehlungen hilfreich sein.

4.2. Die heterogene Lernausgangslage beachten

Wie bereits an anderer Stelle erörtert, stellt die Heterogenität der Lernenden eine große Herausforderung dar. Das gilt vor allem für die unterschiedliche Spiel- und Leistungsstärke. Einige der Lernenden haben möglicherweise bereits Vorerfahrungen, haben vielleicht schon einmal im Verein gespielt und langweilen sich bei Grundübungen schnell, sind eventuell unzufrieden, wenn ihr Gegenüber den Ball regelmäßig ins Netz oder neben den Tisch spielt. Jeder merkt: beim Tischtennis benötigt man einen Partner, eine Partnerin, der oder die den Ball entsprechend zurückspielen kann. Die Heterogenität von Lerngruppen erfordert es, das Tischtennis-Konzept insgesamt zu öffnen. **Hier sei noch einmal auf die Bedeutung des teiloffenen Unterrichts, von differenzierten inhaltlichen und intentionalen Lernangeboten sowie von adäquaten Aufgabenstellungen hingewiesen.**

Möglichkeiten, leistungsstärkere Schüler*innen zu fördern, sind so genannte „Challenge"-Spiele (siehe Übersicht weiter unten; aus Klein-Soetebier, 2019). Hierbei erhalten Spieler*innen (z.B. durch das Würfeln einer Zahl) eine Zusatzaufgabe (zufällig), bei denen sie beispielsweise nur eine bestimmte Technik verwenden oder in einen kleinen Zielbereich spielen dürfen. Somit wird der Spielausgang variabler und die Schüler*innen werden vor neue (Bewegungs-)Aufgaben gestellt. Auch die Betonung taktischer Elemente (z.B. du darfst jetzt nur mit der Vorhand agieren) kann bei der Wahl der Zusatzaufgaben umgesetzt werden.

ÜBERSICHT		
Zahl	**„Challenge"**	**Intention**
2	nur mit der Rückhand spielen ist erlaubt	viel Bewegung, da die Vorhand umlaufen werden muss
3	dein/e Gegner/in hat immer Aufschlag	Vereinsspieler/innen, die schon einen guten Aufschlag beherrschen, sind nicht mehr so sehr im Vorteil
4	nimm den Schläger in die „Penholder"-Haltung	Feinmotorik wird bei dieser im asiatischen Raum häufig genutzten Schläger-Haltung besonders geschult. Der Schläger wird hier zwischen Daumen und Zeigefinger wie ein Stift (im engl. ‚Pen') gehalten.
5	du musst während des Spiels ein Auge geschlossen halten	besondere Schulung der Wahrnehmung durch erschwertes 3D-Sehen
6	spiele mit deiner nicht-dominanten (schwächeren) Hand	beidseitiges Üben, Umdenken, kontralateraler Lerntransfer
7	dein/e Gegner/in bekommt 7 Punkte Vorsprung	durch den hohen Rückstand muss sich mehr konzentriert werden, da jeder Punkt entscheidend ist
8	es ist nur beidhändiges Schlagen erlaubt	im Gegensatz zum einhändigen Schlagen muss sich mehr bewegt und die Schlagtechnik umgeplant werden
9	nur mit der Vorhand spielen ist erlaubt	analog zu 2 ist die Intention, dass sich Schülerinnen und Schüler mehr bewegen müssen, um einen Ball nur mit der Vorhand zu spielen
10	während des Ballwechsels musst du auf einem Bein stehen	hohe Anforderungen an die Gleichgewichtsfähigkeit
11	die freie Hand muss permanent auf dem Tisch liegen	eigentlich im TT nicht erlaubt, schränkt es hier als Übungsform die Bewegungsfreiheit deutlich ein
12	nimm den Schläger nach jedem Schlag in die andere Hand	koordinativ anspruchsvolle motorische Übung, Konzentration, beidseitiges Üben

Da leistungsschwächere Schüler*innen in der Regel auch nicht gerne bevorteilt werden wollen, könnten sie sich ebenfalls eine „Challenge" erwürfeln. *Je nach Würfelergebnis können sie dadurch zwar teilweise* *noch mehr im Nachteil gegenüber stärkeren Lernenden sein, allerdings sind sie manchmal auch im Vorteil, wenn ihre Challenge nicht so schwierig ist, oder sie haben zumindest eine kleine mentale ‚Ausrede‘ für ihr Scheitern.*

Eine weitere Möglichkeit im Umgang mit leistungsheterogenen Gruppen sind Ballkistenzuspiele, bei der auch die *leistungsschwächeren Schüler*innen* als Zuspieler agieren können (dazu ausführlicher in Kapitel 4.5 – „Spiel mit zunehmender motorischer Belastung“; oder auch Horsch, 2019). Von Vorteil ist, dass sie den Ball des Übenden nicht zurückspielen müssen, sondern immer einen neuen Ball aus der Kiste nehmen. Hierbei stehen ein Schüler bzw. eine Schülerin seitlich neben dem Tisch und spielen in angemessenem Rhythmus einzelne Bälle aus einer Schale oder Kiste ein. Durch ein eher indirektes Einspielen (z.B. Zuspieler*in lässt den Ball erst einmal senkrecht vor sich auf dem Tisch aufspringen) wird der Ball bestmöglich kontrolliert (Horsch, 2019). Dadurch bleibt der Spielfluss erhalten. Es werden allerdings relativ viele Bälle benötigt.

Um das Potential heterogener Lerngruppen zu nutzen, können die *leistungsstärkeren Spieler*innen* immer wieder als sichere Zuspieler und als ‚Hilfs-Lehrer’ eingesetzt werden. Sie erfahren auf diese Weise eine hohe Wertschätzung. Das kann sie motivieren, ihre Fähigkeiten auch dauerhaft empathisch einzusetzen. Sie können den Mitschüler*innen dabei zugleich Tipps und Korrekturen anbieten. Sicher bedarf es hier eines guten Gespürs für das richtige Maß und die Häufigkeit dieser Maßnahme, denn diese Form der sozialen Differenzierung darf auch nicht überstrapaziert werden. Schließlich sollten die Leistungsstarken auch stets die Gelegenheit haben, selbst voranzukommen und sich mit ebenbürtigen Mitschüler*innen messen können. Zudem sind Mitschüler*innen auch nur im begrenzten Maße empfänglich für angebotene Tipps und Hinweise. Für *leistungsschwächere Schüler*innen* gibt es zudem eine Vielzahl an Übungsformen und Spielvereinfachungen, wie das Spiel mit Luftballons, größeren Bällen und Schlägern, über größere Spielfelder, Schnüre o.ä. (siehe dazu z.B. Schmeelk, 2014; Weyers, Müller & Lemke, 2014). Solcherlei Vereinfachungsformen bieten sich gerade beim ersten Technikerwerb an.

4.3. DAS VON- UND MITEINANDER-LERNEN FÖRDERN

Das Von- und Miteinander-Lernen im Tischtennis verfolgt zwei wichtige Ziele: Zum einen geht es darum, den Zusammenhalt in der Lern- oder Trainingsgruppe zu fördern sowie den Aufbau von sozialen Kompetenzen zu forcieren. Zum anderen geht es darum, zusätzliche Lerneffekte im sportfachlichen und insbesondere auch im technischen Bereich herbeizuführen.

Soziale Prozesse und Gemeinschaftsgefühl können sich positiv entwickeln, wenn beispielsweise folgende Anlässe im Unterrichts- oder Trainingsbetrieb angesprochen und für das soziale Lernen genutzt werden:

- Zuverlässigkeit und Pünktlichkeit bei Terminen und Trainingszeiten
- Verhalten vor der Halle und in den Umkleideräumen
- Der gemeinsame Auf- und Abbau der Tischtennis-Tische, wobei ältere den jüngeren und unerfahrenen Schüler*innen zur Seite stehen müssen
- Das gemeinsame Gestalten des Arrangements, der Übungsabläufe und Organisationsformen
- Sorgfältiger Umgang mit den zur Verfügung stehenden Materialien (Bällen, TT-Tische, Schläger, Netze, Spielfeldumrandungen)
- Die sich abwechselnde Gestaltung des Aufwärmens in den Unterrichtseinheiten
- Die rücksichtsvolle und verantwortliche Nutzung von begrenzten Trainingszeiten oder Spielmöglichkeiten
- Die Umsetzung von Aufgabenstellungen und Übungen. Hierbei muss so gespielt werden, dass es für beide ein Gewinn wird. Dies gilt sowohl für das Einzel als auch für das Doppelspiel
- Jungen und Mädchen müssen respektvoll miteinander umgehen
- Bei gruppen- oder mannschaftsbezogenen Turnier- und Wettkampfformen muss sich jeder in den Dienst des Teams stellen, auch wenn evtl. eine Niederlage droht
- Das eigene, faire Verhalten soll auch in Wettkampfspielen gezeigt werden

Die Lerneffekte im sozialen Bereich können deutlich erhöht werden, wenn die jeweiligen Anlässe einer Reflexion zugeführt werden. Vor allem die Selbstreflexion kann als ein wichtiges Instrument auf dem Weg zur Selbsterziehung sein (vgl. Klingen, 2017). Nachstehend findet sich ein Beispiel für einen Reflexionsbogen im Handlungsfeld „Mit-Verantwortung für den Trainingsbetrieb übernehmen", der ohne großen Aufwand eingesetzt werden kann.

BEISPIEL

Beobachte dich heute bei folgenden Anlässen selbst und schätze dein Verhalten ehrlich ein.
Kreuze bitte an: 1 = gar nicht/unzureichend / 10 = besonders gut/vorbildlich

Beim Auf- und Abbau der TT-Tische habe ich aktiv mitgewirkt, vielleicht sogar anderen geholfen

1	2	3	4	5	6	7	8	9	10

Ich habe mit darauf geachtet, dass auch andere gute Trainings- und Spielmöglichkeiten hatten

1	2	3	4	5	6	7	8	9	10

Ich bin verantwortlich mit dem Material (TT-Tische, Schläger, Bälle, Netze etc.) umgegangen

1	2	3	4	5	6	7	8	9	10

Das Von- und Miteinander-Lernen ist in mehrfacher Hinsicht bedeutsam. Zum einen geht es um wichtige Erfahrungen im zwischenmenschlichen Bereich, z.B. bei Interaktionen, beim Finden von Kompromissen, bei Kommunikationsabläufen usw. Teils auch unbewusst können sich dabei Hilfsbereitschaft, Verlässlichkeit, Empathie- oder Kritikfähigkeit entwickeln. Zum anderen ist das Von- und Miteinander-Lernen für den Aufbau des Verständnisses vom Tischtennis-Spiel wichtig. Die Techniken, Abläufe, Aufgabenstellungen, Strategien usw. sind gemeinsam zu durchdenken, abzugleichen und miteinander zu kommunizieren. **Die dabei nötige Versprachlichung führt stets auch zu nicht zu unterschätzenden Lernakten, da immer eigene Vorstellungen von der Sache ins sprachliche Handeln überführt werden müssen.**

Von besonderer Relevanz ist das Von- und Miteinander-Lernen für psycho-motorische sowie methodische Lernzuwächse. Unterschiedliche Formate und Rollen bieten sich an, bei denen jeweils spezifische Aufgaben zu bewältigen sind. Diese Aufgaben bringen die jeweils miteinander Agierenden dazu, sich mit dem Spiel, dem eigenen Lernen sowie dem Lernen in der Gruppe intensiv auseinanderzusetzen.

<u>Format 1:</u> Als Sparringspartner*in agieren

Gerade bei den ersten Lernschritten im Anfängerbereich sind die Übenden stark auf die Hilfe Dritter angewiesen. Dabei ist zunächst einmal die Lehrkraft selbst gefragt, aber auch bereits etwas fortgeschrittene Spieler*innen können bestimmte Rollen übernehmen. Dazu zählt auch die Rolle des Sparringspartners bzw. der Sparringspartnerin. In dieser Konstellation kann es für beide Personen zu einer ‚Win-Win-Situation' kommen, vorausgesetzt, beide agieren vernünftig miteinander. Die primär lernende Person kann sich darauf verlassen, dass das Gegenüber keine eigenen Experimente macht und kontrolliert spielt, so dass sie die Aufmerksamkeit voll auf die eigenen Technikabläufe oder Spielstrategien legen kann. Als Sparringspartner*in lernt man, dosiert und platziert zu spielen, entwickelt weiteres Feingefühl und setzt sich zudem implizit mit den zu erlernenden Abläufen des Gegenübers auseinander. Die Sparringspartner*innen benötigen von der Lehrperson entsprechende Instruktionen und Hilfen. Hier ein Beispiel:

BEISPIEL

Jonas, kannst du bitte mit Tim spielen. Er soll den Vh-Topspin weiter verbessern. Du spielst bitte immer langsam mit einem langen Unterschnitt-Aufschlag in seine Vh-Seite ein, damit Tim sofort den Ball ziehen kann. Er soll erst einmal nur diagonal spielen. Du blockst dann die Bälle so zurück, dass er weiterhin mit seiner Vh den Topspin ‚ziehen' kann. Achte darauf, dass du selbst möglichst wenige Fehler machst. Wenn dir etwas auffällt, kannst du Tim auch Tipps geben, wenn er das auch möchte.

Neben den fachlichen Voraussetzungen ist es selbstverständlich wichtig, dass sich Tim und Jonas verstehen bzw. respektieren.

Format 2: Als „Balleimer-Einspieler*in" agieren

Das Einspielen aus dem Balleimer übernimmt oftmals die Lehrkraft bzw. der Trainer oder die Trainerin. Dies bindet sie allerdings im Übungs- und Unterrichtsbetrieb. Für die allgemeine und individuelle Lernsteuerung, für Beobachtungs- und Kontrollvorgänge bleibt dann weniger Zeit. Besonders talentierte Spieler*innen können hier für Entlastung sorgen und in diese Rolle schlüpfen. Beiläufig lernen sie, sich mit dem TT-Spiel auf eine andere Weise zu befassen und es tiefer zu durchdringen. Außerdem wird beim Einspielen das Feingefühl, das Tempogefühl und die Tischorientierung geschult, zudem die Antizipationsfähigkeit. Denn jedes Mal ist neu zu überlegen, ob das Gegenüber jetzt für den eingespielten Ball bereit ist oder nicht. Aber auch die noch nicht so versierten Spieler*innen können in für sie leistbaren Zusammenhängen die Rolle der Balleimer-Einspieler*in übernehmen.

Format 3: Als Lernhelfer*in bzw. Feedbackgeber*in agieren

Den Lernenden Feedback und Lernhilfen anzubieten, ist vor allem den besonders erfahrenen und dafür geeigneten Spieler*innen zuzutrauen. Diese Personen können aber zu einer überaus wertvollen Ergänzung im Lehr-Lernbetrieb werden. Sie können die Lehrkraft unterstützen und das Lernen in der

Gruppe erheblich beschleunigen. Voraussetzung ist allerdings, dass sie hinreichend geschult und begleitet werden. Wiederkehrend sollte die Lehrkraft daher mit ihnen eine Kleingruppen-Unterweisung durchführen, z.B. indem man Spieler*innen beim Lernen oder im Wettspiel beobachtet und darauf bezogen mögliche Feedbackszenarien durchgeht. Auch die Besprechung einer kurzen Videosequenz kann wertvolle Hinweise für die Rollenübernahme liefern. „Check"- bzw. „Kann-Listen" für einzelne Technikmuster können ebenfalls für die Schulung und Bewältigung der Aufgaben nützlich sein. Hier eine Aufgabe, die einem Lernhelfer gestellt wurde. Es geht um die Verbesserung des Rh-Blockspiels von Björn und Lisa.

BEISPIEL

Valentin, beobachte bitte Björn und später Lisa beim Rh-Block gegen Topspin

- Wird das Schlägerblatt rechtzeitig nach dem Ballaufsprung angestellt?
- Ist die Schlägerblattneigung dem ankommenden Ball (Topspin) angemessen, z.B. was die Rotation und das Tempo anbelangt?
- Ist die aktive Bewegung des Unterarmes/Schlägers angemessen, z.B. nicht zu sehr schiebend, sondern eher nur angestellt bzw. zurückgenommen?

  - ✓ Nutze die vorstehende Checkliste
  - ✓ Du kannst auch die kleine Bildreihe nutzen, die auf der Bank liegt
  - ✓ Vielleicht kannst du kurzzeitig selbst einmal Topspin einspielen oder den Block nochmals zeigen
  - ✓ Verstärke gelingende Versuche durch Lob

Hier ist insgesamt ein gutes Fingerspitzengefühl der Lehrkraft gefragt, um bei der Anzahl und Auswahl der Lernhelfer*innen sicherzustellen, dass keiner der Lernenden von anderen Schüler*innen bevormundet oder gemaßregelt wird.

Format 4: Als Coach agieren

Beim Coachen geht es darum, dem zu coachenden Spieler, der Spielerin wertvolle Tipps zur Spielführung beim (Wettkampf)Spiel zu geben. Herrscht in der Klasse oder Trainingsgruppe ein gutes Lernklima, kann die Lehrkraft darauf hoffen, dass das Coaching in der Folge nicht zur Unruhe oder gar zur Verärgerung, sondern zu guten Lernzugewinnen für alle Beteiligten führt. Sie muss vorab darauf hinwirken, dass das Coachen von allen als Lernformat aufgefasst wird. Besonders Mannschafts-Wettbewerbe im Einzelspiel bieten sich zum Coachen an (z.B. Zweier-oder Dreiermannschaften). Die pausierenden Spieler*innen müssen dann ihr jeweils aktives Mannschaftsmitglied beraten. Die Lerneffekte liegen vor allem im Aufbau des Verständnisses von den Grundstrukturen des Tischtennis-Spiels. Sie können für alle Beteiligten erhöht werden, wenn man gemeinsam über die Erfahrungen und Konsequenzen nachdenkt. Folgende Leitfragen können helfen, ein Unterrichtsgespräch zu führen:

- Was habt ihr **grundsätzlich** über das Coachen gelernt (Technik-Einsatz, Spielführung)?
- Welche Konsequenzen seht ihr für das **eigene** Training bzw. Weiterlernen?

Für die Lehrkraft hat das Format den Vorteil, dass sie für andere Aufgaben ‚frei' wird und sich zumindest zeitweise intensiver und empathischer mit einzelnen Spieler*innen befassen kann. Dies gelingt in der Großgruppe erfahrungsgemäß nur selten.

Format 5: Als Übungsleiter*in bzw. Lehrkraft agieren

Mit zunehmendem Alter können die Lernenden auch Teile des Unterrichts bzw. des Trainings übernehmen. So stellt die Übernahme des Aufwärmens ab einem gewissen Alter keine große Hürde mehr dar. Vorausgesetzt, die Lernenden haben bereits Erfahrungen mit einem durchdachten Aufwärmen sammeln können und verfügen über genügend Kenntnisse. Die Lehrkraft sollte daher ihr eigenes Aufwärmprogramm immer wieder begründen und den inneren Zusammenhang zum Lernen und Üben herstellen. Es hat sich bewährt, „Lehreraufgaben" in Partnerarbeit bewältigen zu lassen. Das gilt in besonderer Weise für die sehr herausfordernde Tätigkeit des Lehrens im Rahmen der Technikschulung. Zu zweit ist es leichter, geeignete Übungen für eine kleine Unterrichtseinheit zusammenzustellen. Auch bei der späteren Anleitung im Unterrichts- bzw. Trainingsbetrieb ist es für die Schüler*innen beruhigend, noch eine Person an ihrer Seite zu haben. Die Lernenden dürfen aber nicht überfordert werden. Daher sollten Lernende immer nur mit kleinen Teilausschnitten beauftragt werden, zum Beispiel:

BEISPIEL

Auftrag:

Stellt bitte nächste Woche eine neue Aufschlagvariante vor, die für unsere Klasse/Gruppe geeignet ist. Denkt dabei an das derzeitige Spielniveau und die bereits behandelten Schlagtechniken.

Findet 2-3 Übungen, bei denen mit diesem Aufschlag begonnen wird, aber danach auch ein sinnvoller Ballwechsel zustande kommt.

Mit einer entsprechenden Vorlaufzeit von ein bis zwei Wochen sollte es für sie zu schaffen sein, die betreffenden Sach- und Vermittlungsmöglichkeiten zu durchdenken. Ein kurzer Abgleich vor Unterrichtsbeginn mit der Lehrperson gibt am Ende die nötige Sicherheit, um im Unterricht tatsächlich in der *„Rolle einer Lehrkraft"* zumindest vorübergehend handeln zu können.

4.4. Den Sinn von Techniken und Handlungen deutlich machen

Die Sinnvorstellung und der eigentliche Nutzen der jeweiligen Technik sind beim Lernen leitend; die Bewegungsvorstellung entwickelt sich im Anschluss nach und nach. Das heißt, bevor einem Lernenden eine neue Technik im Detail erklärt wird, sollte die Lehrkraft zunächst erläutern, warum und wofür diese Technik benötigt wird bzw. welche Vorteile sie hat. Somit lassen sich typische Fehlerbilder (z.B., dass ein ankommender geschupfter Ball gekontert wird, oder umgekehrt, ein schneller gekonterter Ball mit Schupfen erwidert wird) möglicherweise bereits im Vorfeld verhindern, da in der Sinnvorstellung die Grundprinzipien der Schlagtechnik durchdrungen wurden.

Im Folgenden sind in tabellarischer Form die einzelnen Grundschläge im Tischtennis mit ihrem jeweiligen Sinn/Zweck dargestellt. Die Begründungen können der Lehrkraft beim Gespräch mit den Schüler*innen helfen. Zudem kann sie vor diesem Hintergrund abwägen, welche (Schlag-)Technik sie unter Berücksichtigung der allgemeinen und individuellen Lernausgangslage für sinnvoll erachtet.

ÜBERSICHT		
(Schlag-)Technik	**Sinn / Zweck**	**spielbar gegen**
Konter	„Ich kann ihn sowohl mit der Rückhand als auch mit der Vorhand spielen. Ich möchte das Spiel schnell machen, damit mein Gegenüber unter Zeitdruck gerät. So erziele ich vielleicht einen Punkt, weil er/sie den Ball dann nicht mehr erreichen kann. Ich muss aufpassen, dass ich bei diesem eher riskanten Schlag meine Kraft richtig dosiere. Auch gilt zu bedenken, dass dieser rotationslose Schlag besser funktioniert, wenn der Ball etwas höher kommt und nicht angeschnitten ist."	Gegnerische Konter - also rotationslose Bälle. Aber auch gegen einen passiven Block, um das Spiel wieder schnell zu machen.
Schupf	„Einer der wichtigsten Schläge im Tischtennis ist der Schupfschlag. Ich kann ihn sowohl mit der Rückhand als auch mit der Vorhand spielen, um den Ball erst einmal sicher auf den Tisch zu spielen. Zwar kommt der Ball relativ langsam bei meinem Gegenüber an, allerdings kann es passieren, dass dieser ihn ins Netz spielt, da der Ball durch den Rückwärtsdrall die Tendenz hat nach unten zu gehen. Später kann ich diesen Schlag neben der Platzierung auch variantenreich einsetzen, um das Gegenüber durch Schnittwechsel zu Fehlern zu zwingen."	Gegnerische Schupfbälle, vor allem bei der Annahme von unterschnittenen Aufschlägen hilfreich.
Topspin	„Ich kann ihn sowohl mit der Rückhand als auch mit der Vorhand spielen. Mit dem Topspin kann ich den Unterschnitt aus einem geschupften Ball herausnehmen und ihn in Vorwärtsrotation umwandeln. Es ist also ein Schlag mit dem	Grundsätzlich immer möglich, sowohl auf Unterschnitt, kein

	ich vom eher passiven Spiel in eine aktive Rolle gelange. Um die Rotation des Balles von Unterschnitt auf Überschnitt zu drehen, muss ich den Ball sehr schnell tangential berühren, damit er seine (Dreh-)Richtung ändert. Dies mache ich am besten, wenn der Ball seinen höchsten Punkt erreicht hat."	Schnitt oder Überschnitt.
Block	„Ich kann ihn sowohl mit der Rückhand als auch mit der Vorhand spielen. Wenn mein Gegenüber einen sehr schnellen Schlag ausführt, bin ich manchmal nicht in der Lage, richtig auszuholen und zurück- zu- schlagen. Dann kann ich auf den Block zurückgreifen, mit dem ich wie eine Art Wand den Ball an meinem Schläger (passiv) abprallen lasse. Dafür benötige ich keine Ausholbewegung, sondern muss das Schlägerblatt je nach Rotation passend schließen. Gerade wenn wir gemeinsam üben, ist es gut, wenn ich meinem Partner / meiner Partnerin den Ball erstmal nur zurückspiele."	Gegen schnelle Schläge des Gegenübers, z.B. gegen Topspins oder Schüsse
Flip / Rh-Banane	„Ich kann ihn sowohl mit der Rückhand als auch mit der Vorhand spielen; zumeist mit der Vorhand. Dies ist eher ein Spezialschlag, den ich dann verwende, wenn ich bereits die Grundschläge kann und mein Spiel erweitern möchte. Mit dem Flip oder der ‚Banane' kann ich einen langsamen unterschnittenen Ball relativ gut beschleunigen. Dies birgt aber ein gewisses Risiko, da der Ball exakt im höchsten Punkt mit der genau richtigen Kraftdosierung getroffen werden muss."	Findet nur bei ganz kurzen, flachen Bällen Anwendung.
Schüsse / Schmetterbälle	„Ich kann sie sowohl mit der Rückhand als auch mit der Vorhand spielen; zumeist mit der Vorhand. Wenn der Ball richtig hoch auf meine Tischhälfte springt, kann ich mit diesem Schlag am besten den Punkt machen. Der Ball wird sehr schnell und ich muss gut zielen, da ich mit meiner ganzen Kraft auf/gegen den Ball schlage. Genau wie beim Flip ist auch beim Schuss die richtige Risikoabwägung entscheidend. Dadurch, dass der Ball eine sehr gerade Flugkurve hat, kann es leicht passieren, dass er im Netz oder hinter dem Tisch landet."	Gegen sehr hohe Bälle.

Ein grundlegendes Verständnis vom Sinn und Zweck einzusetzender Techniken herbeizuführen, ist eine wichtige Aufgabe der Lehrkraft. Liegt ein solches vor, lässt sich die anschließende Technikschulung zielgebunden und wirksam anlegen. Zu bedenken bleibt aber, dass es im Spiel stets zu neuen, auch unvorhergesehenen Situationen kommt. Die eigene Schlagauswahl ist eben stark davon abhängig, mit welchem Schlag und welcher Rotation das Gegenüber gespielt hat. Den Lernenden muss daher auch klar werden, dass es keine absolute Maßgabe für Schlagabfolgen gibt.

4.5. Die methodischen Grundprinzipien bei der Konstruktion von Übungen beachten

Tischtennis ist eine sehr technikorientierte Sportart, bei der zumindest im Schul-, Freizeit- und Breitensport weniger die physischen Fähigkeiten als die feinmotorischen, koordinativen Fähigkeiten im Vordergrund stehen. Gerade für Anfänger ergibt sich die Problematik, dass die Aktionen zumeist in relativ kurzer Zeit durchgeführt werden müssen (z.B. die Bewegung zum Ball, die Antizipation der Balltrajektorie, die Handlungsauswahl und -ausführung). Dies führt häufig dazu, dass kein flüssiges Spiel zustande kommt und die Lernenden nur bedingt oder gar keine Erfolgserlebnisse haben. Besonders im Schulsport ist dies unbefriedigend, da im Regelfall nur wenige Stunden zur Thematisierung zur Verfügung stehen. Die Lehrkraft muss dabei einen Drahtseilakt vollführen: Die Schüler*innen zum einen zu fordern und Interesse für die jeweilige Sportart zu wecken, und zum anderen aber auch die Motivation hochzuhalten, damit sie sich mit einem positiven Gefühl der Sportart nähern.
Damit die Schüler*innen schnell zu Erfolgserlebnissen kommen, muss deshalb das Lern- und Übungsangebot sehr systematisch aufgebaut werden. Insbesondere den durchschnittlich begabten Schüler*innen sind entsprechende Erleichterungen beim Lernen anzubieten. Hierbei haben sich ganz bestimmte methodische Grundprinzipien bewährt. Aus der allgemeinen Methodenlehre sind solche als Merksätze bekannt (z.B. „Vom Leichten zum Schweren“, „Vom Bekannten zum Unbekannten“, „Vom Groben zum Feinen“; Meinel & Schnabel, 1998). Speziell für die Sportart Tischtennis lassen sich konkretere Prinzipien darstellen, wie sie z.B. Klingen (1984) formuliert hat. Sie sollen der Lehrkraft Hilfe und Orientierung bieten, um die Komplexität des Zielspiels systematisch zu variieren. Eine Reduktion der Komplexität führt zu Vereinfachungsstrategien. Insbesondere beim Erlernen der (Grund-)Techniken bieten die Prinzipien Hilfen an, um die komplexen, feinmotorischen Technikanforderungen etwas zu vereinfachen. Der Fokus liegt dabei zumeist auf der Reduktion des Zeitdrucks (u.a. Schiefler, 2003).
Aus der Perspektive der Lehrkraft können die Prinzipien zudem sehr gut als ‚Stellschrauben‘ im Unterrichts- oder Trainingsalltag genutzt werden. Übungen lassen sich so für verschiedene Könnensstände leicht differenzieren. Ausdrücklich stellt sich auch die Frage, welche der (Teil-)Schritte/Aufgaben von einzelnen Lernenden übersprungen werden können. Gerade dies wird in der Anfängermethodik häufig vergessen: Nicht jeder Schüler und jede Schülerin benötigt Zwischenschritte, um zu einem Zielspiel zu gelangen. Häufig hemmen langatmige Übungsreihen auch das eigene Ausprobieren und die intrinsische Motivation.
Die nachfolgend beschriebenen sieben Prinzipien dienen demnach dazu, **das Lernen in grundsätzlicher Weise sinnvoll aufzubauen und zu steuern.** Sie stehen weitgehend in Wechselwirkung zueinander und kommen in der Regel in Kombination zum Einsatz (z.B. vom langsamen zum schnellen Spiel → vom weiträumigen zum kurzen Spiel).

VOM WEITRÄUMIGEN ZUM KURZEN SPIEL

Das Grundanliegen hierbei ist, den **Zeit- und Präzisionsdruck durch eine Vergrößerung der Spielfläche zu reduzieren.** Den Lernenden soll mit Hilfe verschiedener Großraumspiele sowie durch eine kontinuierliche Annäherung über das Kleinfeld der Übergang zum Zielspiel am Tischtennistisch erleichtert werden. Dadurch verringern sich zunächst die Anforderungen an die Feinmotorik, Schnelligkeit, Antizipation und teilweise auch Konzentration. Das tischferne Spiel fördert zudem die im Tischtennis wichtigen Hub-Dreh-Bewegungen, die Beinarbeit und die Kopplung mehrerer Muskelgruppen. Ein weiterer Vorteil ist, dass durch die großräumigeren Bewegungen Verkrampfungen und Bewegungshemmungen, welche ggf. durch die kleine Zielfläche und den kleinen Ball ausgelöst werden, vermindert werden.

Exemplarisch wird im Folgenden eine methodische Reihe zum Erlernen des Vorhand-Topspins (kurz: VhT) aufgeführt, die im Sinne dieses Prinzips aufgebaut ist. Die Aufgaben 1 und 2 stellen allerdings hinführende Übungen dar, mittels derer ein erstes Gefühl „in der Hand" für eine „eher einfühlsame, statt schlagende" Bewegungsausführung beabsichtigt ist.

Aufgabe 1: Zunächst werden Gymnastikreifen kreuz-und-quer durch die Halle gerollt. Dabei sollen die Lernenden darauf achten, dass sie den Reifen nur leicht streifen und ihm dadurch eine Vorwärtsrotation verleihen. Sie sollen dies jeweils mit ihrer dominanten und ihrer nicht-dominanten Hand ausprobieren.

Aufgabe 2: Zwei Bänke werden schräg in eine Sprossenwand gehängt, sodass zwischen den Bänken ein kleiner Spalt offenbleibt. In diesen Spalt wird ein Tennis- oder Tischtennisball gelegt, der zunächst mit der flachen Hand, später mit dem Tischtennisschläger die Bank heraufgerollt werden soll. Auch hier sollen die Lernenden den Ball nicht frontal anschieben, sondern nur von oben streifen, sodass er quasi ‚von selbst' nach oben rollt.

Aufgabe 3: Die Übenden spielen einen VhT in Korridoren über Spielfeldumrandungen hinweg. Dabei wird bewusst darauf verzichtet, eine klare Bewegung vorzumachen. Die Schüler*innen sollen in Anlehnung an die beiden vorangegangen Übungen selbst erproben, was ein sog. Topspin sein könnte. Es bietet sich hier an, das kooperative Lernen stärker in den Vordergrund zu rücken, z.B. indem sich die Schüler*innen gegenseitig helfen und Tipps geben. Die Distanzen sollen bei dieser Aufgabe individuell variiert werden. Hier kann die Lehrkraft steuernd wirken und gröbere (große Distanzen) oder feinere (kleinere Distanzen) Bewegungen provozieren. Die Lehrkraft kann weitere Hinweise geben, z.B. „Der Topspin soll eine Rotation bekommen und eher ‚hoch' über die Umrandung gespielt werden". Besteht die Möglichkeit, einzelne Tischhälften zu nutzen, lassen sich diese auch ein Stück auseinanderziehen, sodass ein Graben zwischen den Tischhälften entsteht, welcher sukzessive verkleinert werden kann.

Aufgabe 4: An den Tischtennistischen wird mittels Zauberschnur, Baustellenabsperrband, Sporttaschen, Umrandungen, Kisten oder ähnlichen Gegenständen das normale Tischtennisnetz erhöht. Dadurch wird eine höhere Flugkurve erzwungen, welche das tangentiale Treffen des Balles befördert. Zu zweit spielen sich die Lernenden den Ball über das erhöhte Netz zu. Gerade bei Anfängern empfiehlt es sich, den Ball, bevor er zurückgespielt wird, noch einmal anzustoppen und auf dem Boden aufprellen zu lassen. Dieser sog. „Stell-Topspin“ erleichtert das richtige Positionieren zum Ball. Diese Hilfstechnik können Fortgeschrittene überspringen bzw. kann von ihnen als Möglichkeit des Agierens gesehen werden, damit ein kontinuierliches Spiel zustande kommt.

Aufgabe 5: Die Netzerhöhung wird zurückgenommen. Jetzt soll über ein normales TT-Netz hinweggespielt werden. Die Lernenden sollen ihren Fokus immer noch auf die hohe Flugkurve und das Streifen des Balles lenken. Als akustische Rückmeldung kann ihnen dabei das Treffgeräusch des Balles dienen, welches möglichst „leise“ sein sollte. Auch hier empfiehlt es sich, dass der Partner bzw. die Partnerin den ankommenden Ball zunächst anstoppt und dann zurückspielt.

Aufgabe 6: Nun wird der Topspin vom Gegenüber im Sinne eines „Prellblocks“ angenommen. Gerade Anfänger*innen fällt es leichter, den Ball auf diese Weise zu spielen. Dabei spielt man den Ball nicht direkt über das Netz zurück, sondern spielt ihn erst auf die eigene Tischhälfte, sodass er von dieser über das Netz auf die Tischhälfte des Partners bzw. der Partnerin springt. Dies erleichtert es, die Rotation des Balles zu kalkulieren. Außerdem wird gleichzeitig ein aktives Reagieren auf den anfliegenden Ball geübt, ohne vor ihm zurückzuweichen.

Aufgabe 7: Ohne Anstoppen (ohne Prellbock) wird der Ball nun vom Gegenüber zurückgeblockt, also durch eher passives Schlägerhinhalten direkt auf die Tischhälfte gegenüber gespielt.

Aufgabe 8: Gelingt es, den Ball kontrolliert mit einem Topspin gegen einen Block zu spielen, lassen sich Topspins gegen verschiedene Rotationsarten (z.B. gegen Unterschnitt) aus unterschiedlichen Positionen (z.B. VhT aus der Rückhandseite) oder gegen verschiedene Blockvarianten (z.B. aktiver Block) thematisieren und ausprobieren. In der Regel sind solche Angebote nur für die besonders talentierten Schüler*innen sinnvoll. Für die Schulung des tangentialen Streifens sind Übungen denkbar, bei denen Anfänger einen VhT auf einen Ball mit Unterschnitt spielen sollen, um den Unterschied zu einem härteren Treffpunkt bzw. die Varianzen des VhT zu erspüren/zu erlernen.

Beim Umgang mit diesem methodischen Grundsatz ist zu beachten, dass er *nicht* bei allen Tischtennistechniken gleichermaßen zur Anwendung kommt. Gerade bei tischnahen Techniken, wie beispielsweise dem Schupf, Flip oder Schuss, fällt es den Lernenden leichter, diese direkt am Tisch zu üben. Das entspricht auch eher den Strukturen des Wettkampfspiels.

VOM DIAGONALEN ZUM PARALLELEN SPIEL

Neue Techniken sollten zu Beginn über die Diagonale des Tisches (d.h. aus der Vorhand in die Vorhand bzw. aus der Rückhand in die Rückhand) gespielt werden. **Dies begünstigt zunächst die natürliche Bewegungsausführung, die den Schlägen inhärent ist.** Besonders bei den Vorhandtechniken, bspw. der Vh-Kontertechnik, welche ihren Hauptimpuls aus der Rotation des Oberkörpers und einer Gewichtsverlagerung vom hinteren auf das vordere Bein bezieht, muss die Bewegung bei diagonalen Ballwegen nicht aktiv abgestoppt bzw. „umgeleitet" werden, wie es bei parallelen Ballwegen der Fall wäre. Somit lassen sich Bewegungen dynamischer und weniger verkrampft ausführen.

Eine Erleichterung bringt das Prinzip auch dadurch, dass der **Ballweg über die Diagonale rein physikalisch bedingt länger** ist, und den Lernenden somit mehr Zeit für das Abschätzen des Ballweges und der Flugkurve bleibt. Auch für die richtige Positionierung zum Ball und eine kontrollierte Ausführung der Aushol- und Schlagphase steht mehr Zeit zur Verfügung. Berechnet man eben diese Distanzen in der Diagonalen und Parallelen ergibt sich folgendes Bild:

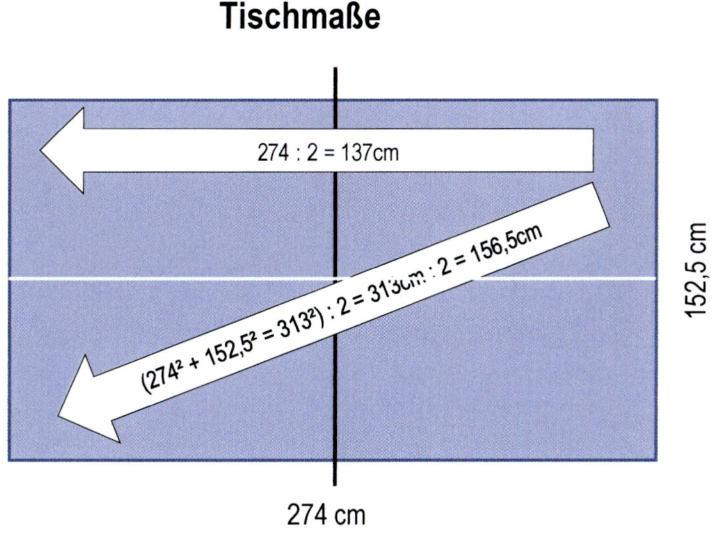

Abbildung 7 – Tischmaße im Vergleich. In der Diagonalen ist der Tisch mit 156,5 cm fast 20 cm länger als in der Parallelen mit 137 cm. Anmerkung: Die eher „krummen" Tischmaße (sowie auch die Netzhöhe und die Mindesthöhe beim Ballanwurf) resultieren daraus, dass die Maße ursprünglich in der Einheit „Inch" bzw. „feet" bemessen wurden. So entspricht bspw. die Länge (274 cm) genau 9 feet und die Breite (152,5 cm) exakt 5 feet. Das Netz ist 6 inch hoch (15,25 cm) was auch circa die Mindesthöhe beim Ballanwurf (16cm) darstellt.

Mit einer Distanz von 156,5cm beim diagonalen Spiel im Gegensatz zu 137cm in der Parallelen, sind dies fast 20cm mehr. Dies klingt nicht viel, kann aber gerade im Anfängerbereich entscheidend sein, um auf einen schnellen Ball noch reagieren zu können oder nicht.
Im folgenden Beispiel wird am Vh-Konter aufgezeigt, wie das methodische Prinzip konkret umgesetzt werden kann.

1. Schritt: Auf einen langen Aufschlag (ohne Rotation) von Partner A spielt Partner B einen Vh-Konter zurück. Partner A fängt den Ball und macht erneut einen Aufschlag (siehe unten links). Falls den Lernenden der Aufschlag noch schwerfällt, kann hier auch ein sog. „Hilfsaufschlag“ eingeführt werden. Dabei darf der Ball aus der Hand auf der eigenen Tischhälfte fallen gelassen werden und dann von unten nach oben über das Netz gespielt werden.

2. Schritt: Wie bei Schritt 1 führt Partner A den (Hilfs-)Aufschlag aus, Partner B kontert den Ball zurück. Im Anschluss kontert Partner A ebenfalls, anstatt den Ball zu fangen. Dann wechselt der Aufschlag (siehe unten Mitte).

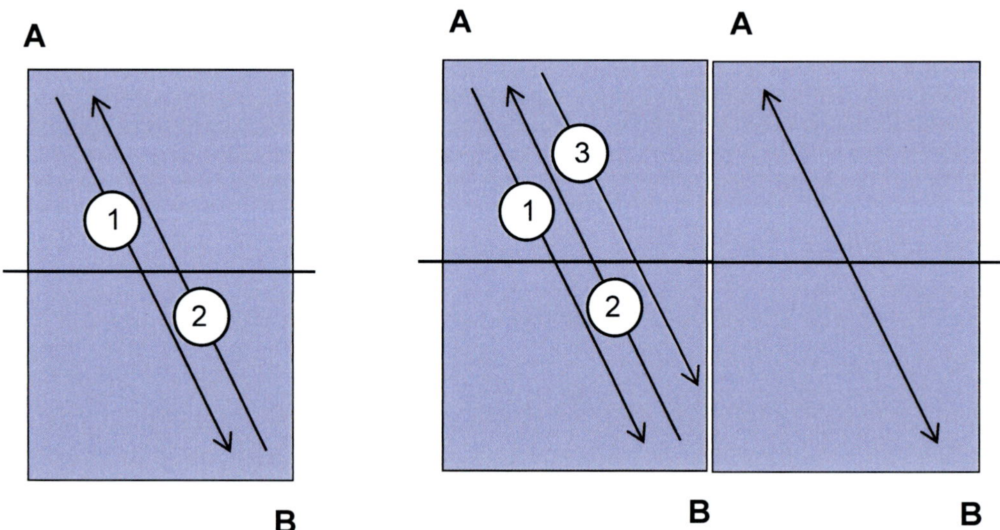

3. Schritt: A + B spielen den VhK kontinuierlich über die Vh-Diagonale (siehe oben rechts). Dabei kann die Lehrkraft Hilfestellungen geben, um bestimmte Schwerpunkte zu fokussieren. Beispielsweise rein verbal den Hinweis geben, auf eine gute Position zum Ball, die Gewichtsverlagerung von einem Bein auf das andere oder insgesamt auf eine dynamische Rumpfrotation bei der Schlagbewegung zu achten. Es kann auch von außen ein akustischer Rhythmus oder eine Ballwechselanzahl vorgegeben werden.

4. Schritt: A spielt einen langen Vh-Aufschlag in die Vorhand, B kontert mit der Vh parallel in die Rückhand. A fängt den Ball (siehe unten links). Für fortgeschrittene Lerner*innen lässt sich die Übung

gleich erweitern, indem der parallele Ball nicht gefangen, sondern parallel zurückgespielt wird. Partner B spielt diesen Ball dann wieder diagonal in die Vh zu A, und die Übung kann endlos weitergespielt werden.

5. Schritt: A + B kontern diagonal. Der Aufschläger spielt nach zwei diagonalen Konterbällen einen Ball parallel in die Rückhand (siehe unten Mitte). Zwar gibt es bei dieser Übung noch einen vorbestimmten Ballweg, allerdings müssen die Lernenden dabei mitdenken (mitzählen) und darauf achten, wann der parallele Ball gespielt wird. Auch hier sind Ergänzungen für Fortgeschrittene denkbar, die ggf. häufiger diagonal spielen könnten, bevor der parallele Ball folgt. Die Übung kann auch komplexer gestaltet werden (z.B. 2x diagonal, 1x parallel, 3x diagonal, 2x parallel usw.), um die schneller Lernenden zu fordern.

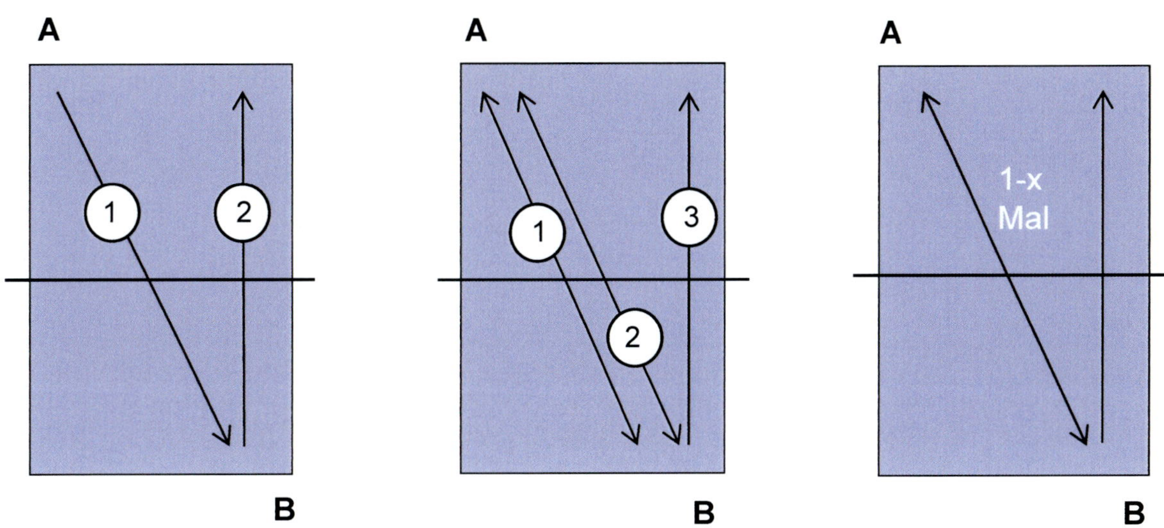

6. Schritt: Wie Schritt 5, allerdings darf der Aufschläger frei entscheiden, ob er/sie nach 2, 3, 4, oder x diagonalen Bällen den Ball parallel in die Rückhand spielt (siehe oben rechts). Durch diese Variabilität wird die Anforderung für den Rückschläger deutlich erhöht, da er oder sie stets auch überraschend mit dem Ball in die Rückhand rechnen muss.

Für alle wichtigen Tischtennis-Grundtechniken lassen sich ähnliche methodische Wege entwickeln. Bei der Auswahl der Übungen gilt es allerdings – wie oben ausgeführt – die individuelle Lernausgangslage zu beachten. Hier und da kann es sinnvoll sein, den Lernenden bereits zu Beginn die Übungsreihe komplett vorzustellen, und ihnen dann die jeweilige Verweildauer in den einzelnen Übungen selbst zu überlassen. Das heißt für die Lehrkraft auch, sinnvolle, eigenständige Veränderungen von Aufgabenstellungen der Lernenden zu akzeptieren, teilweise herauszufordern und zu unterstützen. Das kommt insbesondere den talentierten Schüler*innen entgegen.

VOM LANGSAMEN ZUM SCHNELLEN SPIEL

Dieses Prinzip beabsichtigt genau wie das Prinzip „Vom weiträumigen zum kurzen Spiel" eine Reduktion des Zeitdrucks. Die Lernenden sollen bei ihren ersten Aneignungsversuchen der Technik die Möglichkeit haben, eine gute Position zum Ball einzunehmen und die Bewegung fehlerfrei kontrollieren zu können. Zudem soll damit das Miteinander-Spielen-Können auch auf einer ersten Anfängerebene erleichtert werden. Das kann die Motivation zum Weiterlernen befördern. Allerdings ist zu bedenken, dass eine gewisse Bewegungsdynamik zur Realisierung von TT-Techniken nötig ist (z.B. beim Rh-Topspin). Das relativiert die Bedeutung dieses Prinzips. **Auch größere Bälle, langsamere Schläger oder ähnliches verändern die Struktur des Spieles so sehr, dass es dem eigentlichen Zielspiel entgegenläuft. Daher sollten Verlangsamungen des Spiels mit Bedacht gewählt werden.**

Gerade mit Anfängern lässt sich über die Vorgabe einer bestimmten Ballwechselzahl das (Bewegungs-)Tempo relativ gut steuern. So können die Lernenden bspw. aufgefordert werden, zunächst zehn erfolgreiche Netzüberquerungen zu realisieren, bevor sie den Ball mit mehr Tempo als punktbringenden Schlag einsetzen dürfen. Insbesondere bei einer heterogenen Lerngruppe hat das den Vorteil, dass die Lernenden den Ball im Spiel halten können und somit Erfolgserlebnisse für alle entstehen. Zudem lassen sich individuelle Leistungsfortschritte (z.B. zu Beginn der Übungsreihe fünf und am Ende zwanzig Netzüberquerungen) besser abbilden und den Schüler*innen rückmelden.

Eine andere Möglichkeit zur Verlangsamung ist die Erhöhung des Netzes (siehe „Vom weiträumigen zum kurzen Spiel"). Es ist den Lernenden dadurch nicht mehr so leicht möglich, einen punktbringenden (schnellen) Schlag einzusetzen. Weitere Möglichkeiten sind die Vorgabe von bestimmten Techniken (z.B. Schupfen als eher langsame Technik) oder die Vorgabe eines bestimmten Zielfeldes/-bereichs, in den gespielt werden muss. Durch die erhöhten Präzisionsanforderungen werden die Lernenden gezwungen ihr Bewegungstempo zu reduzieren (z.B. Fitts, 1954). Folgende Übersicht erfasst die verschiedenen Möglichkeiten der Spielverlangsamung sowie die damit verbundenen Absichten.

ÜBERSICHT

MÖGLICHKEITEN DER SPIELVERLANGSAMUNG

Aufgabe / Veränderung	Beschreibung	(Weitere) Intentionen
Vorgabe einer Ballwechselzahl	Zunächst müssen zehn (15, 20, 50 etc.) erfolgreiche Netzüberquerungen realisiert werden, bevor der Ball mit mehr Tempo als punktbringenden Schlag eingesetzt werden darf.	Motivationale Vorteile in einer heterogenen Gruppe. Alle Lernenden können den Ball im Spiel halten.
Vorgabe einer (langsameren) Technik	Wird den Lernenden eine eher passive Technik (z.B. Schupf, Prellblock o.ä.) vorgegeben, mit der sie ausschließlich agieren dürfen, wird das Spieltempo umgehend reduziert. Die Lernenden können spezielle Schlagabfolgen bzw. spezielle Ballwechsel, die ggf. auch im Wettkampf vorkommen, üben (z.B. mit der Rh darfst du nur Schupf spielen, mit der Vh ist auch ein Topspin erlaubt).	Neben der Verlangsamung ist auch Technikschulung möglich. Lernende erfahren Unterschiede hinsichtlich des Einsatzes (auch Risikoabschätzung) einzelner Schläge.
Netzerhöhung	Das Spiel wird durch eine Erhöhung der Netzbegrenzung rein physikalisch verlangsamt. Es ist den Lernenden nicht mehr so leicht möglich, einen punktbringenden (schnellen) Schlag einzusetzen. Somit werden zwingende Situationen geschaffen, die sie vor neue Aufgaben stellen.	Implizite Schulung einer höheren Flugkurve und Einsatz langfristig erfolgreicherer Schlagtechniken (hier: Topspin mit hoher Flugkurve).
Einspielen über das Ballkistenzuspiel	Lernende können sich gegenseitig beim Üben einer neuen Schlagtechnik unterstützen. Hier bietet sich u.a. das Ballkistenzuspiel an (siehe auch unten „Spiel mit zunehmender konditioneller Belastung“). Dabei wird immer ein neuer Ball aus einer Kiste genommen. Das Spieltempo kann hier durch die Frequenz der eingespielten Bälle ganz exakt bestimmt werden.	Neben dem Fokus auf die Schlagtechnik können sich die Lernenden gegenseitig korrigieren und unterstützen. Erfahrungsunterschiede zwischen den Übenden lassen sich hier positiv berücksichtigen. Kooperatives Erarbeiten von Lösungen ist möglich.
Vorgabe eines bestimmten Zielbereichs	Studien haben gezeigt, dass man deutlich langsamer agiert, wenn man ein kleines Ziel treffen will (z.B. Fitts, 1954). Dieser so genannte „Speed-accuracy-trade-off“ lässt sich nutzen, um durch die Vorgabe eines bestimmten (kleineren) Zielbereiches auf dem Tisch das Spieltempo zu reduzieren.	Die Zielbereiche lassen sich auch zur Binnendifferenzierung einsetzen, sodass erfahrene Tischtennisspieler*innen sehr kleine oder wechselnde Zielbereiche erhalten.

Erst wenn die Lernenden genügend Aufmerksamkeit von der eigentlichen Technikausführung für andere Anforderungen „abzweigen" können, ist es sinnvoll, das Spiel schneller zu gestalten. Schließlich ist das Wettkampfspiel Tischtennis eines der schnellsten Ballspiele, mit der Konsequenz, dass die notwendigen Techniken „schlagartig" eingesetzt und durchgeführt werden müssen. Eine Automatisierung von Feintechniken sollte deshalb stets im schnellen Spiel erfolgen (Klingen, 1984).

Vom indirekten zum direkten Spiel

Bei einigen Techniken bietet es sich an, sie losgelöst von der Aktion des Gegenübers zu üben. Dies setzt voraus, dass die Technik auch aus dem Stand ohne Kraftimpuls von der Gegenseite möglich ist (z.B. beim Üben der Rh-Schupf-Technik). Basierend auf (frühen) methodischen Überlegungen von Grumbach (1975, 1980) wird bei diesem Prinzip zunächst ohne Partnerzuspiel die Grobtechnik nach indirektem (mehrmaligen) Aufspringen des Balles auf der eigenen Tischhälfte verfolgt. Die Vorteile dieses Prinzips liegen für die Lernenden darin, dass sie

- den Treffzeitpunkt
- die Geschwindigkeit des Balles
- die Rotation des Balles
- die notwendige Distanz zum Ball und optimale Position am Tisch

weitestgehend selbst bestimmen können. Gerade im Anfängerbereich scheitert eine (gute) Technikschulung oft am ‚unsauberen' Zuspiel des Partners. **Die Lernenden können bei dieser indirekten Form ihre volle Aufmerksamkeit auf die eigene Bewegungsausführung lenken.** Eine typische Übungsreihe zum Rückhand-Schupf (RhS) wäre bei Beachtung dieses Prinzips wie folgt aufgebaut:

Schritt 1: Kurze Bewegungsdemonstration mit Hinweisen auf die relevanten Merkmale der Rh-Schupftechnik. Dabei sollte erfahrungsgemäß vor allem die Möglichkeit aufgezeigt werden, die Neigung des Schlägerblatts zu verändern, um die Flughöhe und die Rotation des Balles zu beeinflussen. Weitere entscheidende Merkmale der Bewegung (z.B. parallele Fußstellung, tiefer Körperschwerpunkt mit leicht gebeugten Knien oder der Treffort vor dem Körper) lassen sich später je nach Fortschritt der Lernenden sukzessive integrieren.

Schritt 2: Die Lernenden lassen den Ball mehrmals auf dem Tisch aufspringen, bevor sie ihn zum Partner bzw. zur Partnerin über das Netz spielen. Der/Die Partner*in fängt den Ball auf und spielt den Ball ebenfalls nach mehrmaligem Auftippen auf dem Tisch zurück.

Schritt 3: Wie Schritt 2, nur dass die Anzahl der Ballsprünge auf dem Tisch schrittweise reduziert wird, bis die Lernenden den Ball nach einmaligem Aufspringen über das Netz spielen können.

Schritt 4: Der Ball wird sich nun nicht selber angespielt, sondern vom Gegenüber ins Spiel gebracht. Zu Beginn kann der Partner bzw. die Partnerin den Ball mit einem Unterhandwurf möglichst flach über das Netz werfen, und später mit dem Schläger einspielen.

Schritt 5: Mit einem Hilfsaufschlag kann der Ball ins Spiel gebracht werden. Das heißt, er kann einmal auf der eigenen Tischhälfte aufspringen, bevor er eingespielt wird. Danach folgt ein möglichst ununterbrochenes Schupfen über die Rh-Diagonale.

Schritt 6: Es wird ohne Hilfsaufschlag mit einem regelkonformen Rh-Schupfaufschlag (z.B. Ballanwurf mindestens 16cm, hinter der Grundlinie des Tisches aus der flachen Hand etc.) gespielt.

Schritt 7: Um die Übungsreihe mit einem Wettkampfcharakter abzuschließen, lässt sich ein Satz bis elf Punkte (auch 21, 30, 50 Punkte) spielen, bei dem nur die Rh-Schupftechnik erlaubt ist. Dabei kann auch die Platzierung (z.B. nur in der Rh-Diagonalen) vorgegeben werden. Jeder Fehler führt zu einem Punkt für den Partner bzw. die Partnerin.

Schritt 8: Später lassen sich Einsatzmöglichkeiten und Probleme der Schupftechnik in der Lerngruppe thematisieren.

- In welchen Situationen des Spiels kann/sollte ich die Technik einsetzen?
- Wann ist ein geeigneter Treffzeitpunkt?
- Welche Variationen in der Rotation, beim Tempo, bei der Platzierung gibt es?
- Welche typischen Fehlerbilder fallen auf? (z.B. Schlägerblatt zu weit geöffnet = der Ball geht sehr hoch; Bewegung geht zu sehr von unten nach oben anstatt von hinten nach unten rechts etc.)

Die jeweilige Verweildauer in den einzelnen Übungsschritten richtet sich nach der Lerngruppe und kann leicht zur Binnendifferenzierung beitragen. Partnerwechsel zwischen den einzelnen Schritten machen die Technikschulung kurzweiliger und können zu einem guten Unterrichts-/Trainingsklima beitragen. Schnellere Lerner können langsameren bei den einzelnen Schritten helfen, indem sie Rückmeldungen geben und das (Miteinander-)Spielen durch regelmäßige Zuspiele stabilisieren.

VOM EINFACH-REGELMÄßIGEN ZUM KOMBINIERT-UNREGELMÄßIGEM SPIEL

Im Tischtennis-Wettkampfspiel kommt es stets zu unregelmäßigen (Spiel-)Situationen, in denen in der Regel unterschiedliche Schlagkombinationen in kurzer Zeit hintereinander erfolgen. Das methodische Prinzip *„Vom einfach-regelmäßigen zum kombiniert-unregelmäßigen Spiel"* versucht von einer kontrollierten (regelmäßigen) und auf eine Schlagseite beschränkten (daher einfach) Technik schrittweise zu dem späteren (kombiniert-unregelmäßigen) Wettkampfspiel hinzuführen. Im Sinne einer Individualisierung des Lernens können hier im Prinzip eine endlose Zahl an Übungen mit unterschiedlichen Schwierigkeitsgraden entwickelt werden. Zur Einordnung der Schwierigkeit kann sich die Lehrkraft daran orientieren, dass bei „einfachen Übungen" nur eine *Schlagseite* (Vorhand oder Rückhand) benutzt wird. Dies ist für die Lernenden grundsätzlich leichter zu realisieren als „kombinierte Übungen", in denen gleich beide Schlagseiten genutzt werden müssen. Dies erfordert neben der richtigen Entscheidung (für Vorhand oder Rückhand) auch Änderungen in der Fußstellung, der Position zum Ball und der Griffhaltung (z.B. Vorhand- und Rückhandgriff).

Die zweite Konstante, die die Lehrkraft verändern kann, ist die Regelmäßigkeit der Übung. Analog zur Schlagseite fällt das Erlernen einer bestimmten Schlagtechnik leichter, wenn der Ball auf einen festgelegten *Spielpunkt* (z.B. lang in die Rh), mit einer festgelegten *Frequenz* (z.B. 3 Bälle in die Rh-Seite) über einen vorgegebenen *Ballweg* (z.B. in der Rh-Diagonalen) gespielt wird. Ist eine Technik gefestigt, lässt sich zum einen der Spielpunkt variieren (z.B. anstatt auf einen festen Punkt in der Rh, werden 2/3 der Rh-Seite bespielt), die Frequenz erhöhen (z.B. 3-8 Bälle) und der Ballweg komplexer gestalten (z.B. 2x in die Rh, 1x in die Mitte, 2x in die Rh usw.). Dabei lassen sich je nach Leistungsniveau mal mehr oder weniger Parameter einer Übung variieren.

Bei unregelmäßigen Übungen weiß der Übende nicht genau, wohin der nächste Ball gespielt wird. Beispielsweise wird der Ball zwei-, drei- oder viermal diagonal in die Rückhandseite platziert, bevor er parallel in die Vorhandseite kommt. Dadurch wird es dem Lernenden schwerer gemacht, die Schlagbewegungen vorauszuplanen, da der Ball immer auch in die Vorhandseite gespielt werden kann. Dies fördert die stetige Bereitschaft, jeden Ball sowohl auf der Vorhand- als auch auf der Rückhandseite zu erwarten. Damit wird auch das Zielspiel vorbereitet, da dort in der Regel ausschließlich Spielsituationen existieren, in denen der Spielende nicht weiß, wohin der Gegner bzw. die Gegnerin den nächsten Ball platziert.

Zur Regulierung der Schwierigkeit einer Übung können sich Lehrkräfte an der folgenden Vierfelder-Matrix orientieren. Die damit verbundenen Abwägungen bestimmen die Gestaltung des *individuellen Lernprozesses.*

ÜBERSICHT		
	regelmäßig	**unregelmäßig**
einfach	einfach-regelmäßige Übung (z.B. Rh-Schupf gegen Rh-Schupf in fester Frequenz über Rh-Diagonale)	einfach-unregelmäßige Übung (z.B. 2-4x VhT aus Vh, 1x VhT aus Mitte, dann wieder VhT aus Vh)
kombiniert	kombiniert-regelmäßige Übung (z.B. abwechselnd Rh-Topspin aus Rh und Vh-Topspin aus Vh gegen Rh-Block des Partners; oder auch Falkenberg-Übungen[9])	kombiniert-unregelmäßige Übung (z.B. variable Spielweise, indem die Anzahl und die Richtung der Rh- und Vh-Topspin offen sind)

Parallel zur Technikschulung kann die Lehrkraft den Lernenden erklären, warum die Technik bei der regelmäßigen, einfachen Handlung noch problemlos funktioniert, jedoch in der unregelmäßigen Aufgabe häufig scheitert. So bleibt ihre Motivation leichter erhalten, weil sie verstehen, warum der *„Topspin in der Übung noch super funktioniert hat, aber jetzt im Wettkampf auf einmal nicht mehr klappt"*.
Auch die Vorlieben der Lernenden können hier direkter angesprochen werden. Beispielsweise bevorzugen manche Lernende regelmäßige Übungen mit einer hohen Frequenz, in denen sie viele Bälle auf den Tisch spielen, wohingegen andere Lerntypen wettkampfnäher, also unregelmäßiger üben möchten und von regelmäßigen, vorgefertigten Übungsformen schnell gelangweilt sind. Das methodische Prinzip *„Vom einfach-regelmäßigen zum kombiniert-unregelmäßigen Spiel"* schlägt bereits die Brücke zum selbstständigen Erkunden. Die Entwicklung eigener Übungen und Lernwege ist der nächste Schritt im Lehr-Lernprozess. Lässt man den Lernenden individuelle Freiräume zur Entwicklung eigener Übungen, die im Übrigen auch über die Vierfelder-Matrix gesteuert werden können, so werden Kreativität und selbstmotiviertes Lernen gefördert.

Abschließend sei angemerkt, dass sich Schwerpunkte anhand der Zielgruppe ergeben. So liegt es nahe, dass im herkömmlichen Schulsportunterricht fast ausschließlich einfach-regelmäßige Übungen tragend sind, da wenig Zeit zur Verfügung steht, und die Lernenden zumeist über wenig Vorerfahrung verfügen oder teils auch motorische Schwächen aufweisen. Im Verein oder in Schul-AGs hingegen lassen sich gut auch kombiniert-regelmäßige und -unregelmäßige Übungen einbauen. Sie gewährleisten ein abwechslungsreiches Lernen und Üben.

---

[9] Falkenberg-Übungen sind die wahrscheinlich bekanntesten Übungen im Tischtennis. Sie haben alle gemein, dass zunächst ein Ball mit der Rh aus der Rh-Seite gespielt werden muss, im Anschluss ein Ball mit der Vorhand, allerdings auch aus der Rh-Seite (dies erfordert ein Umlaufen der Rh) und der Ball dann entweder erst in die Mitte oder direkt parallel in die Vh gespielt wird. Lernende müssen sich dementsprechend schnell bewegen. Der Partner bzw. die Partnerin blockt dann wieder in die Rh, wodurch die Übung von vorne beginnt.

Vom rotationsarmen zum rotationsreichen Spiel

Betrachtet man die Rückschlagspiele im Quervergleich (z.B. Tischtennis, Tennis, Badminton oder Squash), so zeichnen sie sich jeweils durch sehr unterschiedliche Anforderungen und Möglichkeiten aus. **Unbestritten ist, dass die Rotation des Balles das Tischtennis-Spiel am deutlichsten von den anderen Rückschlagsportarten unterscheidet.** Das leuchtet ein, wenn man bedenkt, dass der Ball durch seinen kleinen Durchmesser und die weichen Gummibeläge, mittels derer er katapultartig beschleunigt wird, sehr viele Umdrehungen pro Minute erzeugen kann.

Gerade Anfänger*innen fällt es in der Regel schwer, die Rotation eines Balles richtig einzuschätzen und adäquat darauf zu reagieren (z.B., dass ein stark unterschnittener Ball etwas angehoben wird, oder dass das Schlägerblatt bei einem stark vorwärts rotierenden Ball weiter geschlossen wird). Lernende können diesbezüglich entlastet werden, wenn man ihnen verdeutlicht, dass selbst Profi-Tischtennisspieler*innen auch hier regelmäßig ihre Probleme haben. Für das Erlernen neuer Techniken im Tischtennis gilt daher die Leitlinie *„Vom rotationsarmen zum rotationsreichen Spiel"*. Damit ist nicht gemeint, dass Techniken, die viel Rotation erfordern (z.B. der Vh-Topspin) zunächst nicht thematisiert werden dürfen, sondern dass alle Techniken auch im Sinne der Individualisierung von Lernprozessen in einer eher rotationsarmen oder rotationsreichen Variante gespielt werden können. Dieses methodische Prinzip konkretisiert vor allem den Grundsatz „Vom Groben zum Feinen" (u.a. Meinel & Schnabel, 2007).

Um die Gestaltung der Lehr-Lernprozesse individuell auf das Können der einzelnen Lernenden abzustimmen, lässt sich beispielsweise bei den Schupftechniken eine Art „Schiebe-Schupf" einführen, welcher den Ball weniger tangential trifft, sondern ihn mit leicht geöffnetem (gestellten) Schlägerblatt eher ein wenig nach vorne schiebt (z.B. Groß, 2015, S. 93). Mit dieser Technik können die Lernenden sich langsam an die Schupftechnik herantasten. Außerdem bietet der Schiebe-Schupf die Möglichkeit, sehr flache Bälle wieder etwas höher zu spielen, um den Spielfluss zu gewährleisten. Dies könnte im Sinne der Binnendifferenzierung auch eine Aufgabe für spielstärkere Spieler*innen sein (z.B. „Du hast die Zusatzaufgabe, darauf zu achten, dass der Ball nicht zu flach oder schnell wird. Wenn du denkst, es wird zu schnell und flach, solltest du den Ball etwas anheben und die Rotation wieder verringern").

Gelingt es, eine Technik in ihrer Feinform kontrolliert zu spielen, werden zusätzliche Aufgaben gestellt, die eine Anpassung der Bewegung an wechselnde Umstände ermöglichen (Meinel & Schnabel, 2007, S. 180ff.). In dieser Lernphase sind viele Möglichkeiten der Selbststeuerung gegeben. So können die Lernenden Bewegungen auch selbständig umgestalten, kreative Lösungsmöglichkeiten finden und schwierige Bedingungen schaffen, für die sie anschließend (Bewegungs-)Lösungen finden müssen[10]. Die vorausgehenden beiden Phasen der Entwicklung der Grob- und der Feinform dienen vor allem dazu, die motorischen Grundvoraussetzungen für die jeweiligen Techniken zu schaffen und Bewegungserfahrungen zu sammeln (z.B. Was passiert, wenn ich den Ball sehr stark nach oben „reiße", ohne ihn richtig zu treffen?). Die positive Verstärkung gelungener Aktionen sollte dabei im Vordergrund stehen. Die Lernenden sollen für ihren weiteren (selbstständigen) Lernprozess motiviert werden.

Spiel mit zunehmender motorischer Belastung

Tischtennis zeigt sich als Freizeitspiel häufig in einer eher bewegungsarmen Ausprägung. Die Spielerinnen und Spieler versuchen zumeist tischnah und aus dem Stand heraus zu agieren. Armstreckungen werden genutzt, um die nach außen gespielten Bälle zu erreichen. Die tischtennisspezifische Grundposition und ihre jeweilige, dynamische Anpassung sind nur selten zu erkennen. Spielt man gerade nicht im Park oder Freibad, wird bei systematischen Übungsformen und einem tiefen Körperschwerpunkt schnell deutlich, dass Tischtennis mehr ist als ein bewegungsarmes Ping-Pong-Spiel. **Tischtennis wird mit steigendem, spielerischem Niveau immer dynamischer und physisch anspruchsvoller.**

Bei Klingen (a.a.O) wird das Prinzip noch als *„Spiel mit zunehmender konditioneller Belastung"* betitelt. Hier wird es begrifflich „abgeschwächt", weil vor allem im technikorientierten Anfängerunterricht die konditionelle Komponente zunächst zu vernachlässigen ist. Vielmehr geht es um zweierlei: Zunächst einmal darum, jene motorische Belastung zu vermeiden, die zu einer Qualitätseinbuße bei der Technikschulung führen könnte. Zum anderen geht es darum, dass auch Beginner bereits die Dynamik des Tischtennisspiels erfahren und in ihr Handlungsrepertoire aufnehmen. Erfahrungsgemäß zeigt sich bei (reinen) Anfänger*innen eher das Problem, dass sie gar nicht ins Bewegen oder gar ins Schwitzen kommen. Die Gründe dafür sind oben hinreichend beschrieben (feinmotorisches Spiel, kurze Reaktions- und Antizipationszeiten etc.).

Bei der Erhöhung der motorischen Belastung muss die Lehrkraft ihre Lerngruppe und die einzelnen Schüler*innen gut im Blick haben. Grundsätzlich ist zu vermeiden, dass nur ganz kurze Ballwechsel und ständige Pausen im Spielfluss entstehen. Ziel sollte es speziell im Anfängerbereich *immer* sein, dass die Lernenden aus einem kontrollierten Spiel heraus zu einem gezielten, technisch und taktisch orientierten (Wettkampf-)Spiel gelangen. Wie bereits beim Prinzip *„Vom langsamen zum schnellen Spiel"* angeregt,

[10] Für einen Überblick zu kreativen Übungsformen empfehlen wir das Buch von Peter Luthardt (2015); siehe Literaturverzeichnis.

besteht eine Umsetzungsmöglichkeit darin, eine gewisse Ballwechselzahl oder konkrete Ballwege vorzugeben, bevor es zum freien Spiel übergeht.

Eine sehr einfache Stellschraube ist die Erhöhung der Anzahl der zur Verfügung stehenden Bälle. Finden die Lernenden direkt neben sich einen neuen Ball, entfällt die Zeit, die sie benötigen, den fehlerhaft gespielten Ball wiederzuholen und haben dadurch deutlich mehr effektive Spielzeit. Einen ähnlichen Ansatz verfolgt das sog. „Ballkistenzuspiel" (z.B. Friedrich & Ernst, 2014; Horsch, 2019). Bei dieser Übungsmethode hat ein/e Zuspieler*in mehrere Bälle (ca. 30-50 Bälle) in einer Ballkiste liegen. Die Bälle werden aus der Hand oder mit einmaligem Auftippen auf der eigenen Tischhälfte auf verschiedene Positionen auf der anderen Tischseite eingespielt. Der Unterschied zu normalen Übungen ist, dass der/die Zuspieler*in den Ball des Übenden nicht annimmt und zurückspielt, sondern ihn hinten ‚herauslaufen' lässt. Stattdessen wird direkt ein neuer Ball genommen und wieder eingespielt. Wesentliche Vorteile dieser Übungsform sind, dass der Ball relativ gleichmäßig, d.h. ohne die natürliche Varianz des Gegenübers, für die Lernenden angeflogen kommt. Dies ermöglicht die Konzentration auf die eigene Bewegungsausführung und gleichzeitig eine intensive Auseinandersetzung mit kleinen Variationen in der Bewegung.

Das Ballkistenzuspiel ist relativ unabhängig vom Können oder dem Alter der Lernenden. Nur die einspielende Person muss über entsprechende Fähigkeiten verfügen. Neben der Lehrkraft können leistungsstärkere und sozial verantwortungsbewusste Spieler*innen einspielen, wobei ihnen gleichzeitig die Möglichkeit eingeräumt werden kann, Bewegungskorrekturen anzustoßen. Inwieweit ungeübtere Spieler*innen in der zuspielenden Rolle agieren können, muss im Einzelfall geprüft werden. Sofern sie bereits etwas sicherer sind, können auch sie vom Einspielen profitieren, da sie sich selbst und die Leistungsstärkeren fordern (z.B. durch eine sehr hohe Ballfrequenz) und sich auch technische Elemente abgucken können.

Das Ballkistenzuspiel sollte sich in jede Übungseinheit bzw. Schulstunde einbauen lassen und für verschiedene Einsatzbereiche herangezogen werden. Der Fokus lässt sich dabei sowohl auf technische Elemente (z.B. wiederholtes Üben des Topspins gegen verschiedene Rotationsarten), taktische Elemente (z.B. Einüben erster Spielzüge), auf konditionelle Aspekte (z.B. sehr viele Bälle über mehrere Minuten) oder koordinative Aspekte (z.B. Bälle mit unterschiedlichen Farben müssen in verschiedene vorher festgelegte Ecken gespielt werden)[11] legen.

[11] Für eine Übersicht weiterer Organisationsformen des Ballkistenzuspiels und für zahlreiche Übungen empfiehlt sich die Themenbroschüre „Balleimertraining" des DTTB (DTTB/Friedrich & Ernst, 2014; oder Horsch, 2019).

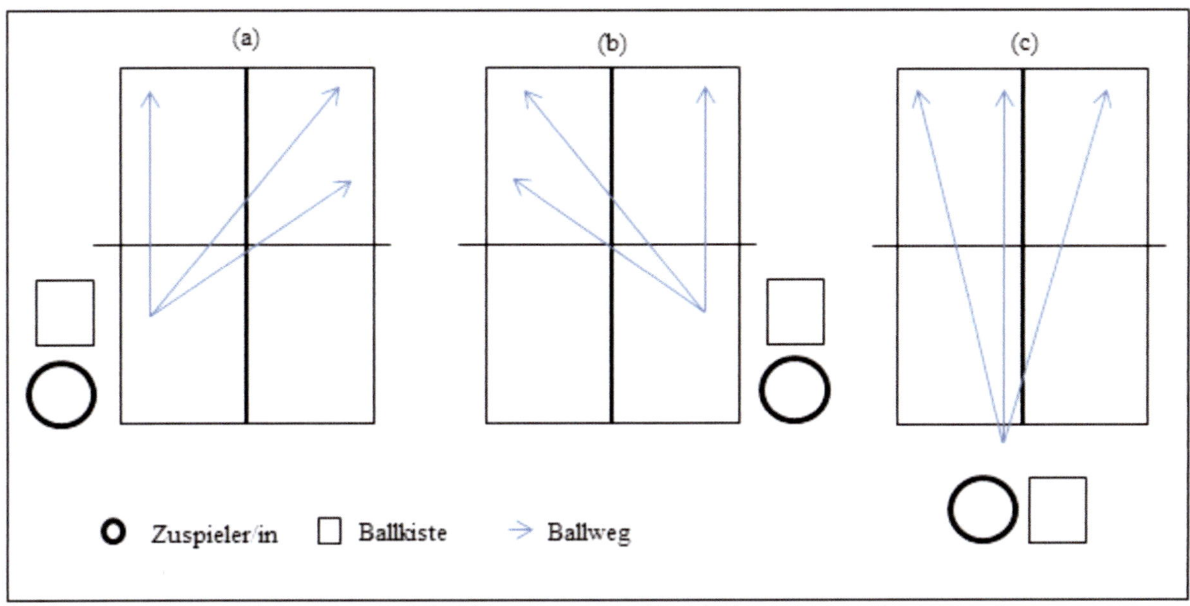

Abbildung 8 – Positionen beim Ballkistenzuspiel. a) Hauptposition, gut für Rechtshänder*innen geeignet, um den Ball aus der Rh-Seite in verschiedene Positionen auf der gegenüberliegenden Seite zu spielen. Der/die Lernende trifft mit seinen/ihren Schlägen bei dieser Einspielposition selten den/die Zuspieler*in. b) Einspielposition für Linkshänder*innen, oder wenn Bälle vermehrt auch in die tiefe Vorhand platziert werden sollen. Teilweise auch für das Einspielen mit der Rh genutzt. c) Spezielles Einspielen (eher für Fortgeschrittene), bei dem der Ball zunächst auf einen Kasten oder ähnliches aufgetippt wird, um dann aus einer tischfernen Position auf die gegenüberliegende Seite gespielt wird (z.B. als Simulation der Schnittabwehr, der Ballonabwehr oder des Gegentopspins).

Schaffen es die Lernenden nach den oben genannten Vereinfachungen einen Ball kontrolliert mit dem Partner bzw. der Partnerin hin und her zu spielen, lässt sich durch ein Vorgeben von Lauf- und Bewegungsaufgaben zum dynamischen Spiel übergehen (vgl. Klingen, 1984). Dazu wird das o.g. Beispiel des Erlernens des Rh-Schupfs erneut aufgegriffen:

Schritt 1: Die Lernenden spielen sich den Ball ununterbrochen über die Rh-Diagonale mit *einem* Ball zu.

Schritt 2: Rh-Schupfen über 2/3 (oder auch ¾ etc.) des Tisches. Geht ein Ball verloren, wird direkt ein neuer Ball aus der Ballkiste genommen. Die Lernenden müssen hier schon einen großen Teil des Tisches mit einer (Schlag-)Seite abdecken. Dies erfordert gute Beinarbeit.

Schritt 3: Kontinuierliches Schupfen über die Rh-Diagonale, wobei nach jedem 2. Rh-Schupf die Rückhand umlaufen wird und der Schläger mit der Vorhand auf den Boden getippt werden muss (auch 1., 3., 4. denkbar). Dies kann auch als Vorübung für den Vh-Topspin nach Umlaufen dienen.

Schritt 4: Rh-Schupfen über ¾ des Tisches gegen Zuspieler*in, welche/r ununterbrochen Bälle aus einer Ballkiste einspielt. Um mehrere Schüler*innen gleichzeitig an einem Tisch beschäftigen zu können, lassen sich Zusatzaufgaben einbauen (z.B. „Nach jedem Schlag müsst ihr die Markierung schräg hinter euch umlaufen“). Auch hier bieten sich sowohl kompetitive Übungsformen als Gruppe (z.B. „Welcher „Tisch“ schafft es, die meisten Bälle fehlerfrei zurückzuspielen?“) oder als Individuum (z.B. „Wer schafft es, am längsten drin zu bleiben, ohne einen Fehler zu machen?“) an.

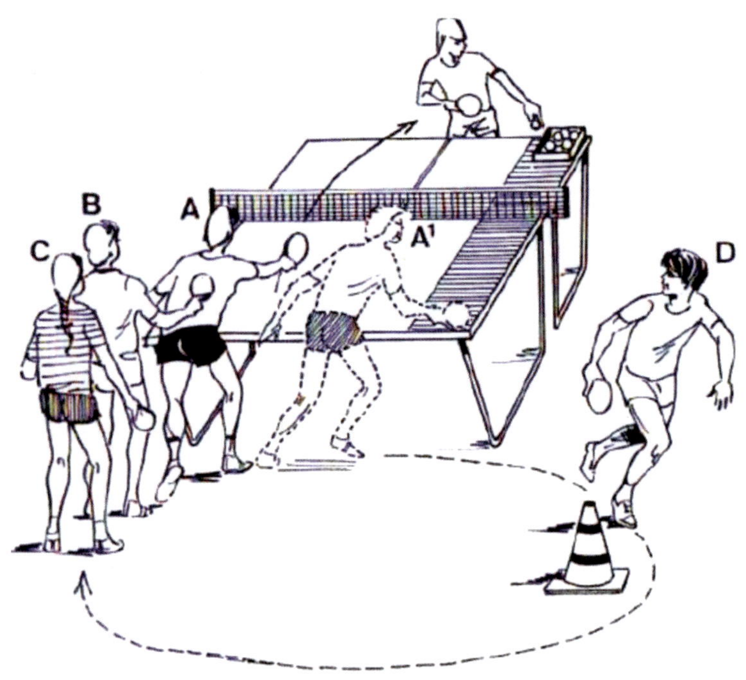

Abbildung 9 – Variation der Laufwege beim Ballkistenzuspiel (aus Klingen, 1984)

Schritt 5: Weitere Zusatzaufgaben (z.B. mehrere Markierungen, längere Laufwege, komplexere Schlagabfolgen etc.) einbauen. Stellt man mehrere Markierungen in verschiedenen Distanzen zum Tisch auf, und lässt die Übenden eigenverantwortlich auswählen, welche Distanz sie sich zutrauen, können alle Schüler*innen an ihre individuellen Grenzen gehen. Weitere ‚Regeln‘ können sein, dass die Markierung nur umlaufen werden muss, wenn der Ball nicht erfolgreich zurückgespielt wurde, oder dass man einen Extrapunkt erhält, wenn man den Lauf um die Markierung schafft und rechtzeitig wieder zurück am Tisch ist.

Diese 7 Prinzipien dienen Lehrkräften, Übungsleiter*innen und Trainer*innen als ‚Stellschrauben‘, um tischtennisspezifische Übungen variabel aufzubauen. Gerade beim Erlernen neuer Techniken können (Teil-)Schritte/Aufgaben generiert werden. Dabei empfehlen wir immer die Option offen zu halten, das einzelne Lernschritte übersprungen werden können, wenn es der aktuelle Könnensstand der Lernenden ermöglicht. Wie oben bereits erwähnt, ist keinem Lernenden geholfen, wenn **langatmige Übungsreihen das eigene Ausprobieren, die intrinsische Motivation und somit das selbstständige Weiterlernen hemmen.**

4.6. Das Selbstständige Weiterlernen anbahnen

In der Unterrichtspraxis der Schule steht im Regelfall nur ein begrenzter Zeitraum für den Erwerb des Tischtennisspiels zur Verfügung. Häufig wird die Sportart im Fächerkanon der Sportarten nur kurz angerissen. Die Lehrkraft sowie die Schüler*innen selbst werden sich daher im Regelfall mit ersten Erfahrungen und bescheidenen Technikzugewinnen zufriedengeben müssen. Im Vereinsbetrieb oder in Tischtennis-AG's lässt sich etwas langfristiger planen. Jedoch sind in manchen Fällen auch hier die Übungszeiten begrenzt (z.B. nur eine Trainingszeit pro Woche, Ferien, Hallenschließungen, etc.).

Dies soll jedoch in keinem Fall im Vorfeld die Motivation dafür hemmen, Tischtennis mit Anfängern zu spielen. **Vielmehr sollten gleich zu Beginn des Aneignungsprozesses sowohl in der Schule als auch im Verein Anregungen dazu gegeben werden, wie ein selbstständiges Weiterlernen gewährleistet werden kann.** Gerade im Hinblick auf den „Doppelauftrag des Schulsports" (MSW NRW, 2014), nicht nur der Erziehung durch Sport sondern auch der Erziehung hin zum Sport, ist es empfehlenswert, den Schüler*innen für ein selbstständiges Weiterlernen (z.B. in der Freizeit, im Vereinssport, mit der Familie) das erforderliche Rüstzeug mitzugeben. Das können dann methodische Grundsätze sein, die sich bereits in der Unterrichts- oder Trainingspraxis gezeigt haben, aber auch weitergehende Hinweise für ein selbstständiges Lernen. Erkennen die Lernenden, dass sich viele der methodischen Stellschrauben und Herangehensweisen auch beim Erlernen anderen Sportarten nutzen lassen (z.B. beim Tennis zunächst indirekt spielen; beim Badminton einfach-regelmäßige Ballwege nutzen, bevor kombinierte-unregelmäßige Übungen hinzukommen; oder beim Squash die motorische Belastung zunächst moderat halten), so ist ein wichtiger Schritt zum „Lernen lernen" getan. Insbesondere die sportlich interessierten Schüler*innen werden hierbei angesprochen. Ihnen kann der nachfolgende Maßnahmen-Katalog eine gute Lernhilfe sein. Darüber hinaus können die inhaltlichen Aussagen bei schriftlichen Tests im Rahmen der Leistungsbeurteilung aufgegriffen werden (z.B. „Warum ist es wichtig, beim Topspin nicht „gegen den Ball zu schlagen"?).

Maßnahmen für das selbstgesteuerte Weiterlernen im Tischtennis

1. Spiele nicht zu flach über das Netz! Der Ball sollte mit ein paar Zentimetern Distanz das Netz überqueren.
2. Halte bei allen **Vorhand-Schlägen** den Schlägergriff wie das Messer beim Brotschneiden. Bei der **offensiven Rückhand** drehst du **den Schläger <u>in der Hand</u>** ein klein wenig zum Handrücken hin (nicht den Schläger durch Handgelenk- / Unterarmdrehung anders positionieren!!!).
3. Denke daran, dass man beim Topspin **<u>nicht</u> *gegen*** den Ball schlägt, sondern den Ball „eher umwickelt/zieht". Wenn dein geschlagener Ball Vorwärtsrotation und eine bogenähnliche Flugkurve erhält, dann ist das ein gutes Zeichen.
4. Bei der **offensiven Rückhand** ist dein Schläger zunächst nahezu parallel zur Tischfläche ausgerichtet, sodass du – rein theoretisch – ein Glas darauf abstellen könntest.
5. Spiele deine Schläge **im Normalfall nicht mit mehr als 60 - 80 % deiner maximalen Kraft.** Tischtennis lebt eher von einem lockeren Schwung als von kraftvollen, verkrampften Schlägen.
6. Spiele die Bälle zunächst so, dass sie auf der anderen Seite **sicher aufspringen**, **z.B. im Bereich vor der Grundlinie.** Platziere die Bälle gar nicht so weit an die Seiten, das ist zunächst einmal den Könnern vorbehalten. Gerade Bälle in die Mitte sind für dein Gegenüber schwierig zu retournieren.
7. **Die meisten Fehler entstehen durch eine schlechte Position zum Ball.** Denke daran, dass man tief in einer Erwartungshaltung steht (Beugung in den Knien!). Du kannst dich dann sowohl seitlich mit vielen kleinen Schritten oder größeren Ausfallschritten immer neu positionieren. Auch die Vor- und Zurückbewegung sind wichtig (z.B. bei weniger kraftvollen oder deutlich härteren Schlägen).
8. Bewege dich immer so, dass du **genügend Platz zum Ball** hast. Laufe nicht „in den Ball", sondern eher „in die Nähe vom Ball".
9. **Fixiere mit deinem Blick den Ball**, und achte darauf, wie dein Gegner, dein Spielpartner bzw. deine Spielpartnerin den Ball getroffen hat (z.B. von unten, seitlich, oben).
10. Gehe **nach jedem Schlag wieder in die Grundposition** (gebeugte Knie, Schläger oben, etwas vom Tisch entfernt und immer erwartungsbereit, mehr auf dem Vorderfuß stehend).
11. Versuche immer **deinen Griff zu kontrollieren** – greife aber nicht zu fest, um Verkrampfungen vorzubeugen. Der Schläger hat die natürliche Tendenz in die richtige Lage zu fallen, wenn du ihn nur locker hältst.
12. Spiele hier und da **sehr konzentriert nur auf Technik** - und manchmal solltest du „den Kopf ausschalten" und frei spielen.

5. EIN LEHRBEISPIEL ZUM SCHLUSS

Das folgende Lehrbeispiel soll aufzeigen, wie die grundsätzlichen Überlegungen zum Tischtennis-Unterricht in einer noch unerfahrenen Vereins- oder Schulgruppe auch im zeitlichen Ablauf aufgenommen und umgesetzt werden können. Intentional geht es vor allem darum, den Schüler*innen das Schöne und Spannende des TT-Spiels aufzuzeigen. **Pädagogische Leitlinie soll es zudem sein, dass möglichst alle Lernenden Erfolgserlebnisse sammeln.** Das Sich-Verständigen, Von- und Miteinander-Lernen stellt einen weiteren Schwerpunkt dar. Daher muss in allen Situationen darauf geachtet werden, dass das kooperative Lernen ernst genommen wird, es immer wieder verträglichen Kompromisse gibt, aber auch die individuelle Entwicklung im Tischtennis nicht zu kurz kommt: Leistungsfähigere und leistungsschwächere Schüler*innen sind gleichermaßen zu fördern. Auch wird unterstellt, dass es im Verlaufe der gemeinsamen Arbeit jeweils Anpassungen und Veränderungen geben wird. Ein TT-Konzept entwickelt stets eine eigene Dynamik. Der Lernfortschritt der Schüler*innen spielt ebenso eine Rolle wie mögliche Fehlzeiten (auch der Lehrkraft) sowie schulbedingte Ausfalltage (z.B. bei Schulveranstaltungen, Klassenfahrten etc.). Notwendige Veränderungen im Konzept können hier aber auf Grund fehlender, konkreter Angaben nicht dargelegt werden.
Noch ein Hinweis zur Darstellung: Aus redaktionellen Gründen kann hier nur die erste Unterrichtseinheit ausführlicher dargelegt werden. Allerdings werden Anregungen zur Variation mit eingearbeitet, sodass sie quasi einen **exemplarischen Charakter für das insgesamt auf acht Doppelstunden angedachte Unterrichtsvorhaben** hat. Die restlichen sieben Einheiten werden in Form einer Auflistung von Zielen, Inhalten und Vorgehensweisen dargestellt (siehe Anhang I). Es obliegt der Lehrkraft, hieraus ein konkret umsetzbares Unterrichtsangebot zu machen. Die synoptische Darstellung kann hierzu ein gutes mikrodidaktisches Hilfsmittel sein. Die zweite Einheit wird daher in dieser Weise gegliedert (siehe Anhang II).

Zur Ausgangslage:

Wir gehen von einer koedukativ zu unterrichtenden Anfängergruppe in Schule oder Verein aus. Die Gruppe besteht aus 22 Jugendlichen. Die Lernausgangslage kann als heterogen bezeichnet werden. Die meisten hatten zwar schon mal einen Schläger in der Hand (z.B. auf dem Pausenhof, im Park oder im Urlaub), haben allerdings keine Technikschulung durchlaufen. Einige wenige bringen Vorerfahrungen im Tischtennis (z.B. aus dem Verein, dem Schulsport o.ä.) mit. Es sind aber auch Lernende dabei, die sich noch nie in Rückschlagsportarten probiert haben. Motivational sind alle Lernenden grundsätzlich dem Tischtennis positiv gegenüber eingestellt: die einen mehr, die anderen weniger. Manche der Teilnehmer*innen erwarten, dass sie deutlich schlechter sind als die anderen. Die äußeren

Rahmenbedingungen lassen grundsätzlich einen lernwirksamen Unterricht zu (z.B. Anzahl Tische, Bälle, Schlägermaterial etc.).

Insbesondere die Heterogenität der Lerngruppe stellt eine große Herausforderung dar. Dies macht es erforderlich, das „Tischtennis-Konzept“ bereits von Beginn an offen zu gestalten und dem kooperativen Handeln Raum zu geben. Eine didaktische Herangehensweise schließt unseres Erachtens eng festgelegte Reihenfolgen von Techniken ebenso aus wie reine methodische Übungsreihen, zwingende Übungen oder einseitige Spiel- und Wettkampfformen.

1. Stundenteil: Transparenz sowie tischtennisspezifische Erwärmung

Zu Beginn des Unterrichts kann mit Hilfe eines sog. **Advance Organizers** (siehe Anhang III) das Unterrichtsvorhaben im angedachten Verlauf und Zielspektrum kurz angerissen und mit den Lernenden besprochen werden. Beim Advance Organizer handelt es sich um eine visuelle Lern- und Orientierungshilfe, die von der Lehrkraft erstellt wurde und die Ziele und Lerninhalte gedanklich strukturiert. Sinnvoll ist dies, damit die Lernenden von Beginn an mitdenken und sich anschließend bei der weiteren Konstruktion des Unterrichts einbezogen sehen. **Sie erhalten bereits vor der Erarbeitung des Stoffs einen ersten Überblick über die Struktur und die verschiedenen Inhalte des Unterrichtsvorhabens**. Leitende Begriffe, Bilder, Grafiken etc. bilden quasi eine Art „Lernlandkarte“. Diese wird dann nach und nach im Unterricht mit Leben gefüllt und erschließt sich für die Lernenden im Tun. Sie können den Advance Organizer auf der Basis ihrer Erfahrungen ggf. modifizieren und ergänzen. Im Verlaufe der Einheiten sollte er immer wieder aufgegriffen, ergänzt oder abgeändert werden.
Als tischtennisspezifische Erwärmung nehmen sich die Lernenden zunächst einen Tischtennisschläger und einen Ball. Ihre Aufgabe ist es anfangs, sich in der Halle mit dem Ball auf dem Schläger (wie beim „Eierlaufen“) zu bewegen. Je nach Größe der Anfängergruppe und Halle reicht auch ein Hallendrittel für die Hinführung aus. *Laufspezifische (Zusatz-)Aufgaben* wie das Rückwärtslaufen, nur auf Linien laufen, hüpfend durch die Halle, einbeinig oder zweibeinig, schnell und langsam, bieten sich genauso an wie *tischtennisspezifische Aufgaben*, wie das Prellen des Balles auf dem Schläger, nur mit der Vorhand bzw. Rückhand, Vh und Rh im Wechsel, auf der Kante des Schlägers, sehr flaches oder hohes Prellen des Balles, zweimal Vh einmal Rh, mit der linken oder rechten Hand usw. Die Schlägerhaltung können die Schüler*innen dabei noch frei wählen.
Zur Förderung des Von- und Miteinanderlernens sowie der Gruppenzugehörigkeit können *Partneraufgaben* eingebaut werden, z.B. „Wenn dir ein Partner genau entgegen kommt, spielt eure beiden Bälle gleichzeitig mit dem Schläger dem anderen zu, sodass ihr die Bälle tauscht“.[12] Ähnliche Ziele

[12] Eignet sich besonders gut, wenn die Lernenden nur auf den Linien laufen dürfen.

verfolgen auch Schattenläufe zu zweit oder zu dritt, bei denen ein Partner oder eine Partnerin die Techniken und Laufarten vorgibt und der andere bzw. die andere*n die Bewegungen (schattenhaft) nachmachen. Für einen eher kompetitiven Charakter des Aufwärmens, wie er ggf. in einer fortgeschrittenen Lerngruppe durchgeführt werden kann, lässt sich ein Wettkampf generieren, indem die Unterlegenen Zusatzaufgaben erhalten (z.B. im Rahmen der Koordination, Beinarbeit, Kräftigung etc.), z.B. wenn ihnen der Ball auf den Boden fällt.
Um die Übungen schwieriger zu gestalten, müssen sich die Lernenden auf ein Kommando der Lehrkraft hin (z.B. Pfiff, Klatschen o.ä.) mit dem Ball prellend hinsetzen, die Hand wechseln oder den Ball hochschlagen und sich um 360° drehen, bevor sie den Ball wieder mit dem Schläger auffangen. Möchte man Musik zur Erwärmung einsetzen, kann auch ein Stoppen der Musik ein „Einfrieren der Bewegung" von den Lernenden verlangen. Die oben genannten Erwärmungsvarianten lassen sich dann als *Staffelspiel*[13] umsetzen, wenn die Lerngruppe generell wertschätzend und empathisch miteinander umgeht. Die Lehrkraft sollte hier insbesondere mit Blick auf die Gruppendynamik ein Gespür für adäquate Aufgabenstellungen entwickeln.
Im fortgeschrittenen Lernstadium kann ein Aufwärmen selbstverständlich an den bereits aufgebauten TT-Tischen stattfinden. Das geschieht dann mehr im Sinne eines technikorientierten ‚Einkoordinierens'. Die Übungen an den Tischen können dabei unterschiedlich ausfallen. Dazu ein Beispiel: Die Fortgeschrittenen koordinieren sich mit Vh-Vh-Kontern ein. Dabei muss der Ball möglichst im Spiel gehalten werden („Wer erreicht die längsten Ballwechsel?"). Eine andere Schülergruppe versucht das Gleiche mit Rh-Rh-Schupfen möglichst kurz hinter das Netz.

<u>2. Stundenteil:</u> Erste Bewegungserfahrungen sammeln

Bewegungserfahrungen zu sammeln, heißt nicht, sofort mit dem Schupfen oder dem Vh-Topspin zu beginnen und mit einer methodischen Reihe in die Technikschulung einzusteigen. Obschon es um tischtennisorientierte Spielerfahrungen geht, sollen die Lernenden zunächst keinem bestimmten Idealbild entsprechen und exakte Tischtennistechniken nachahmen, was vor allem in heterogenen Lerngruppen bei einem Teil der Lernenden schnell zu Frustration und Resignation führen kann. Die Lernenden sollen vielmehr einige Minuten an den Tischen „frei" spielen. **Die Lehrkraft kann im Rahmen einer ersten Lernsteuerung nun differenziert vorgehen** und einzelnen Spieler*innen vorschlagen, einmal nur mit der Rückhand zu agieren, oder nur mit der Vorhand. Gegebenenfalls sogar immer abwechselnd mit der Vh und Rh. Wenn bei einigen Paarungen noch gar keine Ballwechsel zustande kommen, sondern der

[13] Die konkrete Umsetzung als Staffelspiel könnte so aussehen, dass die Lernenden in 4er- bis 6er-Gruppen (damit die Wartezeiten gering bleiben) an einer Linie mit dem Balancieren des Balles starten und den Ball nach erfolgreichem Lauf an den oder die Nächste*n übergeben. Die Lehrkraft legt die einzelnen Parameter des Spiels fest (z.B. Länge der Strecke; Zusatzaufgaben, wie auf einem Bein hüpfend; Rh/Vh-Prellen im Wechsel; bis zu welcher Pylone muss man zurück, wenn der Ball herunterfällt; wie viele Sequenzen pro Schüler*in etc.).

Ball immer wieder vom Boden aufgehoben werden muss oder im Netz landet, können die methodischen Regeln, wie sie hier beschrieben wurden, greifen:

- Spiel nach mehrmaligem Prellen auf der eigenen Tischseite – dann spielen – auf der anderen Seite auffangen – auf die gleiche Weise zurückspielen
- Reduktion des Spieltempos
- Veränderungen des TT-Tisches bzw. Arrangements (z.B. das Netz abbauen und den ganzen Tisch als Spielfläche für das Zusammenspiel nutzen)
- Gerade bei sehr kurzen Ballwechseln der Anfänger hilft schon eine Schale mit Bällen auf dem Tisch, um den Spielfluss zu ermöglichen. Es entfällt die Zeit des Ballaufsammelns.

Insgesamt sollen in dieser Erprobungs- und Annäherungsphase die Motivation für das TT-Spiel und die Lernneugier geweckt werden. Erste kleine Erfolgserlebnisse sind dafür ausschlaggebend.

<u>3. Stundenteil:</u> Den Sinn einer guten Schlägerhaltung verdeutlichen

Typische Lehrreihen zum Tischtennis beginnen mit einer Beschreibung der Schlägerhaltung (z.B. Groß, 2015; Friedrich & Ernst, 2014; Schmeelk, 2014). Unter Verwendung teils kindgerechter Analogien (z.B. das Händeschütteln oder der Daumen und Zeigefinger als Pistole) soll in die optimale Griffhaltung eingeführt werden. Auch in unserem Konzept wird als erstes inhaltliches Element die Schlägerhaltung angesprochen. Eine Zuordnung im Advance Organizer begleitet das Handeln. Bewusst wird auf das typische „richtig" und „falsch" verzichtet, sondern es werden die Vor- und Nachteile unterschiedlicher Haltungen kurz erörtert. Dabei erscheint es uns wichtiger, dass die Lernenden ein gewisses Gefühl für das Greifen des Schlägers entwickeln, als dass sie in feste Muster gezwängt werden.
Je nach Zielgruppe (z.B. im Verein) sollten selbstverständlich mittelfristig leistungslimitierend erscheinende Griffhaltungen unterbunden werden. Leistungslimitierend kann es zum Beispiel sein, wenn mehrere Finger oder die ganze Hand auf der Rückhandseite liegen; aber auch ein zu fester Griff oder ein zu hohes oder zu tiefes Greifen des Schlägers können das Spielen beeinträchtigen. Gleichwohl sollte die Lehrkraft bestimmte Toleranzen zulassen oder gar ungewöhnliche Variationen bei der Schlägerhaltung aufgreifen und zur Erprobung anbieten. An dieser Stelle im Lehr-Lernprozess (z.B. im Schulsport) sollte man sich bewusst machen, dass wahrscheinlich die wenigsten der Lernenden später ein wettkampforientiertes Tischtennisspiel anstreben wollen. **Daher gilt, dass ein gelungener Schlag mit einer unüblichen Schlägerhaltung wichtiger ist als das Einnehmen einer idealtypischen Griffweise.** Leistungsorientierte bzw. besonders talentierte Schüler*innen sollten hingegen mit den optimalen Griffhaltungen spielen.

4. Stundenteil: Unterschiede zwischen der Rückhand und Vorhand erfahren

Für die Schüler*innen ist es eine fundamentale Erfahrung, den Unterschied zwischen einem eher aufrechterhaltenden Spiel, z.B. Rh-Rh-Schupfen, und dem Wechsel zum etwas offensiveren Vh-Spiel zu erleben. Auf diese Kontrastierung sollte keinesfalls verzichtet werden; sie ist daher bereits *in der ersten* Unterrichtseinheit einzuplanen. Allerdings in einem gestuften Prozess. Zunächst sollen einfache Rh-Rh-Schupf-Übungen und Ballwechsel im Mittelpunkt stehen (einfach-regelmäßiges Spiel). Danach spielt ein Partner bzw. eine Partnerin abwechselnd mit der Vorhand und der Rückhand, während der bzw. die Spielpartner*in nur mit der Rückhand in die Vh und Rh abwechselnd zurückspielt (siehe „vom einfach-regelmäßigen zum kombiniert-unregelmäßigen Spiel"). Während dieser Übung können allgemeine und individuelle Lernhinweise gegeben werden. Wichtig ist es hierbei, die Lernenden in den Lernprozess mit einzubeziehen. Auf Fehlerbilder, die bei mehreren Lernenden gleichermaßen auftreten, ist einzugehen, indem mit Impulsen wie diesen gearbeitet wird:

- „Achtet beim Schupfen in den nächsten Ballwechseln darauf, dass die Bewegung sehr ruhig verläuft."
- „Achtet darauf, dass der Ball möglichst lange am Belag „klebt".
- „Versucht möglichst sicher und flach über das Netz zu spielen."
- „Beim Vh-Topspin zuerst immer mit der Hüfte und dem Bein herausdrehen. Julian zeigt uns das noch einmal."

Parallel dazu lässt sich das Von- und Miteinander Lernen (siehe Kapitel 4.3) anbahnen, z.B. indem die **Lernenden beginnen, sich gegenseitig zu unterstützen und zielgerichtet miteinander zu kommunizieren.** In der Rolle als „Sparringspartner" könnten sie bspw. Hilfsbereitschaft (z.B. Wie kann ich dir die Bälle zuspielen, damit es dir leichter fällt, den Ball zurückzuspielen?) und Verlässlichkeit zeigen (z.B. Ich mache jetzt keine Experimente, sondern spiele den Ball möglichst gleichmäßig zurück). Auch der Übende sollte angeregt werden. Er sollte auch empathisch und kritikfähig mit Hinweisen und Anregungen (z.B. zu Techniken, Abläufen, Strategien usw.) des Partners umgehen.

In der Praxis wird der der *Art und Weise der Korrektur* von Bewegungsfehlern zumeist zu wenig Aufmerksamkeit geschenkt. Die Lehrkraft gibt oftmals zu schnell an, was falsch und zu verändern ist. Teilweise, weil die kurze (Unterrichts-)Zeit nicht ausreicht, um alles empathisch und gründlich zu besprechen. Um die Lernenden allerdings zum selbstständigen Weiterlernen anzuregen (siehe Kapitel 4.6), muss diese Zeit gerade zu Beginn eines Lernweges investiert werden. Das Erforschen des eigenen Bewegungsverhaltens sollte im TT-Unterricht zu einem Grundprinzip werden. Auch beim Wechsel zwischen haltendem Spiel (Rh-/Rh-Schupfen) und dem Vh-Topspinspiel sind die Lernenden bei der Ursachenforschung aktiv mit einzubeziehen:

- „Woran könnte es liegen, dass dein Ball keine Rotation hat?"
- „Was macht dein Partner bzw. deine Partnerin anders als du? Welche Unterschiede siehst du?"
- „Sind deine Bälle eher zu hoch oder zu flach? Was kannst du ändern?".

Über kleine Zusatzaufgaben kann der Heterogenität der Lerngruppe entsprochen werden. Lernniveau und Motivation sind zu beachten. Eine monotone und langweilige Unterrichtsgestaltung ist zu vermeiden. Unter anderem bieten sich kleine Ziele auf dem Tisch an, z.B. drei in der Rh- und drei in der Vh-Seite. Über unterschiedliche Größen, Formen und Materialien (z.B. Spielkarten, Bierdeckel, Federbälle, Plastikbecher mit Zahlen etc.) oder unterschiedliche Zählweisen (z.B. Wer schafft den längsten Ballwechsel ohne Fehler? Wer schafft die meisten Bälle in 2 Minuten? Wer hat die wenigsten Fehlversuche gebraucht?) können herausfordernde und kurzweilige Situationen geschaffen werden.

5. Stundenteil: Gemeinsames Abschlussspiel – kompetitiv oder kooperativ?

Im Allgemeinen möchten Lernende ihre Fähigkeiten auch gerne im Wettkampf ausprobieren. Aber es gibt auch jene, die weniger Interesse am Wettkampfspiel zeigen. Vielleicht auch, weil sie schlechte Erfahrungen gemacht haben oder auf Grund fehlenden Vertrauens in die eigenen Fähigkeiten. Häufig wird hier das unterschiedliche Sozialverhalten von Mädchen und Jungen und deren Erwartungshaltungen angeführt (z.B. Reiter, 2013), demnach „Jungs häufig den Wettkampf suchen und sich gegenseitig messen wollen, wohingegen viele Mädchen eher kooperative Spielformen mit technischen Schwerpunkten bevorzugen" (Hopp, Reiter & Klein-Soetebier, 2018, S. 23). Um diesen unterschiedlichen Vorstellungen und Vorlieben zu entsprechen, **sollen die Lernenden in dem hier entworfenen Konzept am Stundenende selbst entscheiden, ob sie zusammen weiter üben oder gegeneinander spielen wollen.** Den Zusammenhalt der Lerngruppe können vielleicht jene Spielformen berücksichtigen, die einen kooperativen Charakter aufweisen, aber in der Gruppe auch kompetitiv sind. Bereits angeführt wurde das sog. „Summenspiel", in dem die Einzelergebnisse (kompetitiv) der Schülerinnen und Schüler zu einem Mannschaftsergebnis kumuliert werden. Ziel des Spiels ist es, als Team (kooperativ) möglichst viele Punkte zu erlangen. Dies hat den Vorteil, dass auch die Niederlagen leistungsschwächerer Spielerinnen und Spieler einen positiven Einfluss auf das Gesamtergebnis haben, da jeder einzelne Punkt zählt. Außerdem sind die Einzelergebnisse am Ende weniger transparent für die anderen. Auf diese Weise wird der Leistungsdruck für den einzelnen Lernenden abgeschwächt. Jeder einzelne Punktgewinn kann aber als individuelle Leistung eingeschätzt werden.

6. Stundenteil: Abschluss und Reflexion – Was haben wir heute gelernt?

Der Stundenabschluss kann unterschiedliche Ziele verfolgen und auf verschiedenste Weise angelegt werden (vgl. Klingen, 2013). In dem hier dargelegten Beispiel sollen sich die Lernenden Gedanken darüber machen, was sie in dieser Stunde erreicht und gelernt haben. Eine Leitfrage könnte lauten: **„Was könnt ihr am Ende der Unterrichtseinheit besser als zu Beginn?“** Für die Lehrkraft besteht zudem die Möglichkeit, einzelne Inhalte der gerade beendeten Einheit noch einmal aufzugreifen. Hier beispielsweise die Unterscheidung zwischen der Vorhand und der Rückhand.

Im Rahmen einer Unterrichtsreihe bietet sich auch ein Ausblick auf die kommende Einheit an. Der Einsatz und das Aufgreifen des „Advance Organizers“ kann hierbei eine große Hilfe sein. In dem hier beigefügten AO (siehe Anhang) stehen in den ersten Einheit die Schlägerhaltung, die Entwicklung des Ballgefühls (z.B. durch Übungen mit Schläger und Ball; mit und ohne) und die Realisierung längerer Ballwechsel ohne Fehler (z.B. durch kontrollierte Techniken wie den Rh-Schupf) sowie erste Erfahrungen beim Wechsel von Rh- zu Vh-Spiel im Vordergrund. Die Lehrkraft sollte hier transparent machen, dass beispielsweise die Einführung sicherer, unterschnittener Schupfbälle als ein mögliches Ziel der nächsten Unterrichtseinheit in Frage kommt. Eine kurze Erörterung im Plenum erscheint sinnvoll. Dort, wo die Möglichkeit und das Interesse bestehen, können die Lernenden angeregt werden, sich zu Hause schon Videos von der einen oder anderen Technik (z.B. dem Schupfen) anzuschauen. Vielleicht kann ein besonders interessierter Schüler, eine Schülerin in der nächsten Stunde dazu berichten.
Selbstverständlich können auch andere Formate und Abläufe eine erste Unterrichtseinheit bestimmen. In dem dargelegten Lehrbeispiel wurde außerdem auf die Angabe von Zeiten verzichtet, um die Übertragbarkeit auf verschiedene Kontexte (z.B. 60-Minuten-Einheit, TT-Trainingseinheiten, AG’s etc.) zu erleichtern. Je nachdem, in welchem Rahmen die Einheiten stattfinden, steht mal mehr oder weniger Zeit zur Verfügung, zumal der Auf- und Abbau der TT-Tische gerade zu Beginn entsprechende Zeit kosten wird. Als grundsätzlicher Richtwert sollten der Hauptteil (hier: Stundenteil 3 + 4) und die Spiel- und Wettkampfform (hier: Stundenteil 5) zusammen circa 60 Prozent der Unterrichtszeit ausmachen. Die Erwärmung, das Sammeln von Bewegungserfahrungen und der Ausblick bzw. die Reflexion die restlichen 40 Prozent.

6. Schlussworte

Wir hoffen, dass es in dieser Handreichung gelungen ist, sinnvolle Anregungen für den TT-Unterricht in Schule und Verein zu geben. Uns war es wichtig, pädagogisch-didaktische und lernpsychologische Ansätze so konkret wie möglich zu erörtern, und daran anknüpfend entsprechende Empfehlungen für das Lehren und Lernen im Anfängerbereich auszusprechen. Die dargelegten Ziele, Methoden und Verfahrensweisen können selbstverständlich nicht das gesamte Spektrum einer Fachdidaktik Tischtennis abdecken. Gleichwohl besitzen sie im Sinne eines Lehr-Lernkonzeptes eine gewisse Allgemeingültigkeit. Vermutlich lassen sich deshalb die Vorstellungen in vielen Teilen auch auf andere (Rückschlag-)Sportarten übertragen.

Ein wesentliches Anliegen war es für uns, aufzuzeigen, wie ein TT-Konzept im Anfängerunterricht fachlich-kompetent *und* zugleich erziehungswirksam angelegt werden kann. Ein solches Basiskonzept sollte es jeder Lehrkraft erlauben, relativ unabhängig von der jeweiligen Zielgruppe ein TT-Vorhaben mit den zugehörigen Zielen, Übungen, Spiel- und Wettkampfformen zu generieren. **Uns war es wichtig, dabei die Individualisierung des Lernens herauszustellen, gleichzeitig aber auch einen Weg für einen geordneten und ökonomisch angelegten Unterricht zu beschreiben.** Lehrerzentrierte Phasen, ein Lernen im Gleichschritt, Entdeckungsräume für Lernende sowie individuell zu gehende Lernwege schließen sich nicht aus, sondern bedingen einander.

Entscheidend war für uns, dass die Lernenden mit ihren Voraussetzungen und Möglichkeiten Dreh- und Angelpunkt der Sachvermittlung sind. Ein Konzept ist nur so gut, wie es von den Lernenden angenommen und umgesetzt wird. Durchgehende Transparenz sowie die Möglichkeit der Mitwirkung sind dafür u.a. wichtige Gelingensbedingungen. Allerdings kann der Einfluss der Lehrkraft auf das Lernen nicht hoch genug eingeschätzt werden (vgl. Hattie u.a., 2018). An vielen Stellen haben wir uns bemüht, Hinweise zu geben, wie die Lehrkraft das Lernen durch Anregungen und Impulse auf den Weg bringen, begleiten und auswerten kann. Schlüssel dabei sind sicher jene Maßnahmen, die den Sinn von Aufgabenstellungen und den Nutzen der jeweiligen Technik verdeutlichen. Ansporn, Ermutigung und Feedback gehören ebenso dazu wie die Anregung zum eigenständigen Erforschen des Bewegungsverhaltens.

Von besonderer Relevanz war für uns zudem das kooperativ angelegte Lernen. Und dies nicht nur, weil es in zahlreichen Lehrplänen als pädagogische Perspektive ausgewiesen ist. Auf den bzw. die Lernpartnerin kommt es an, wenn es um ein zufriedenstellendes Lernen und Spielen im Tischtennis geht. Das Klima in der Lerngruppe sowie die Begeisterungsfähigkeit der Lehrkraft haben großen Einfluss auf die Lernleistung aller und jedes Einzelnen. Ein gutes Gefühl für Gruppendynamiken sowie die Kenntnis psychologischer und pädagogischer Vorgehensweisen hilft der Lehrkraft, auch diesbezüglich die Qualität einer Unterrichts- oder Trainingsstunde zu steigern. Im Unterrichts- und Trainingsalltag stößt jede

Lehrkraft immer wieder an ihre Grenzen. Sie kann sich deshalb den hier formulierten Ansprüchen nur teilweise annähern. Daher ist es wichtig, sich realistische Ziele zu setzen und die didaktischen Erwartungen immer wieder zu reflektieren.

Wir möchten mit dieser Handreichung dazu ermutigen, einen eigenen Weg im Unterricht zu gehen. Zufrieden macht die Unterrichtsarbeit im Tischtennis nämlich nur dann, wenn man sich im Tun als selbstwirksam erlebt und die eigenen Vorstellungen eines guten Unterrichts bzw. einer guten Trainingseinheit umsetzen kann.

Wir wünschen Ihnen als Leserinnen und Leser daher viele gute Unterrichtsmomente mit dieser 2. Auflage. Mögen Ihre Lernenden viel Freude am Tischtennis-Sport finden.

Köln, im März 2021

Dr. Timo Klein-Soetebier & Paul Klingen

LITERATURVERZEICHNIS

(1) Sportpädagogik / Fachdidaktische Konzepte

Balz, E. & Kuhlmann, D. (2003). Sportpädagogik. Aachen, Meyer & Meyer.

Balz, E. & Neumann, P. (2013). Mehrperspektivischer Sportunterricht. In: Aschebrock, H. & Stibbe, G. (Hrsg.), Didaktische Konzepte für den Schulsport (S. 148-177). Aachen: Meyer & Meyer.

Grupe, O. & Krüger, M. (1997). Einführung in die Sportpädagogik. Schorndorf, Hofmann.

Haag, H. & Hummel, A. (2001) (Hrsg.). Handbuch Sportpädagogik. Schorndorf, Hofmann.

Kiesel, A. & Koch, I. (2012). Lernen: Grundlagen der Lernpsychologie. Wiesbaden: Springer.

Kurz, D. (2002). Pädagogische Perspektiven für den Schulsport. Körpererziehung, 50(2), 72-78.

Neumann, P. (2004). Einführung: Mehrperspektivischer Sportunterricht. In P. Neumann & E. Balz (Hrsg.), Mehrperspektivischer Sportunterricht. Orientierung und Beispiele (S. 7-19). Schorndorf: Hofmann.

Prohl, R. (2010). Fachdidaktische Konzepte des Sportunterrichts. In N. Fessler, A. Hummel & G. Stibbe (Hrsg.), Handbuch Schulsport (S. 169-179). Schorndorf: Hofmann.

Scheid, V. & Prohl, R. (2017). Sportdidaktik. Grundlagen – Vermittlungsformen – Bewegungsfelder (2. Auflage). Wiebelsheim: Limpert Verlag.

(2) Tischtennis unterrichten

DTTB [Deutscher Tischtennis-Bund] (2017a). Turniere & Spiele. Zugriff am 25. April 2018 unter http://www.tischtennis.de/mein-sport/spielen/spiele-turniere.html

DTTB [Deutscher Tischtennis-Bund] (2017b). Kooperation Schule & Verein. Zugriff am 28. April 2018 unter http://www.tischtennis.de/spielmit/kooperation-schule-verein.html.

Friedrich, W. & Fürste, F. (2012). Tischtennis – verstehen, lernen, spielen. Münster: Philippka-Sportverlag.

Friedrich, W. & Ernst, J. /DTTB (2014) Tischtennis Balleimertraining. Würzburg: Fotosatz-Service Köhler GmbH.

Geske, K. M. & Müller, J. (2011). Tischtennis-Taktik: Dein Weg zum Erfolg. Aachen: Meyer & Meyer.

Groß, B.-U. (2015). Tischtennis Basics. Aachen: Meyer & Meyer.

Horsch, R. (2018a) 10 Tischtennisstunden (Klasse 5-7). Aachen: Meyer & Meyer.

Horsch, R. (2018b) 10 Tischtennisstunden (Klasse 8-10). Aachen: Meyer & Meyer

Horsch, R. (2019). Methodik des Balleimertrainings im Tischtennis. In: sportunterricht, Jg. 68, Heft 2, S. 82-83.

Klein-Soetebier, T. (2019). Tischtennis in der Schule vermitteln. In: sportunterricht, Jg. 68, Heft 2, S. 66-71.

Klein-Soetebier, T. & Keller, M. (2018). Der Tischtennis-Garten – Eine Spielform zur variablen Gestaltung des Tischtennisspiels. Tischtennis, 10/18, 48-49.

Klingen, P. (1984). Tischtennis in Schule, Verein, Freizeit. Ziele – Methoden – Technik – Spiele – Fehlerkorrektur. Bonn. Dümmler.

Luthardt, P. (2015). Kreatives Tischtennistraining: Mal anders trainieren – 50 Übungen, die Spieler begeistern. Münster: Philippka Sportverlag.

Luthardt, P., Muster, M. & Straub, G. (2016). Tischtennis - Das Trainerbuch (Praxisideen - Schriftenreihe für Bewegung, Spiel und Sport). Schorndorf: Hofmann.

Mayr, C. & Förster, M. (2012). Spielend Tischtennis lernen: in Schule und Verein. Wiebels-heim: Limpert Verlag.

Schmeelk, S. /DTTB (2014). Tischtennis in der Schule: Schulsportbroschüre des Deutschen Tisch-tennis-Bundes in Kooperation mit der Deutschen Schulsportstiftung. Frankfurt: Deut-scher Tischtennis-Bund.

Weyers, N., Müller M. & Lemke K. (2014). Rückschlagspiele Badminton-Tennis-Tischtennis, Edition Schulsport, Handreichung für Schulen der Primarstufe und Sekundarstufe I. Aachen: Meyer & Meyer Verlag.

(3) Weiterführende Literatur für Interessierte

Fitts, P.M. (1954). The information capacity of the human motor system in controlling the amplitude of movement. *Journal of Experimental Psychology, 47*, 381-391.

Friedrich, W. (1993). Bewegungsanalyse im Tischtennis. *Tischtennis-Lehre, 4,* 93-96.

Hattie, J., Zierer, K. (2018). Kenne deinen Einfluss! „Visible Learning" für die Unterrichtspraxis. 3. erw. Auflage. Baltmannsweiler. Schneider Verlag.

Heckhausen, J., & Heckhausen, H. (2010). *Motivation und Handeln* (4. Ausg.). Berlin, Heidelberg: Springer.

Hopp, C., Reiter, M., & Klein-Soetebier, T. (2018). Leistungsmotivation von Mädchen im Tischtennis - Eine Masterarbeit an der Deutschen Sporthochschule Köln (Teil 2). *Trainerbrief, 1*, 10-16.

Hotz, A. (1996). „So wenig wie nötig korrigiere – so oft wie möglich variiere!" *Leistungssport, 26* (3), 34-40.

Klieme, E. & Tippelt, R. (2008). Qualitätssicherung im Bildungswesen. Eine aktuelle Zwischenbilanz. Zeitschrift für Pädagogik, Beiheft, 53.

Klingen, P. (2013) Zumeist vernachlässigt: der Stundenausstieg. In Wirtschaft & Erziehung. Ausgabe 5 | 65. Jg., S. 172-176.

Klingen, P. (2017). Lernerziehung in der Schule. Wie das Lernen und Denken der Schüler verbessert werden kann. Baltmannsweiler. Schneider Verlag Hohengehren.

Maxeiner, J. (1985). Verteiltes und massiertes Üben in der Grundschulung des Windsurfens. Ein experimenteller Vergleich. *Sportunterricht, 34(6),* S. 209-213. Schorndorf.

Meinel, K. & Schnabel, G. (1998, 2007). Bewegungslehre - Sportmotorik: Abriss einer Theorie der sportlichen Motorik unter pädagogischem Aspekt. München: Südwest Verlag.

MSW NRW [Ministerium für Schule und Weiterbildung des Landes Nordrhein-Westfalen] (2014). Kernlehrplan für das Fach Sport in der Sekundarstufe II. Zugriff am 04. Februar 2019 unter https://www.schulentwicklung.nrw.de/lehrplaene/lehrplan/62/KLP_GY_SP.pdf

Reiter, M. (2013). Mädchentischtennis in Deutschland. Kapitel 1: Der Stand der Dinge - und wie es zur bundesweiten Fragebogenaktion "Mädchentischtennis in Deutschland" kam. *Trainerbrief des VDTT(4),* 12-15.

Schiefler, B. (2003). Wahrnehmung, Reaktion und Antizipation (Teil 1 & 2). *Trainerbrief, 3*, 26-33.

Tielemann, N. & Raab, M. (2009). Instruktionen im Spitzensport: Leistungsverbesserung durch Analogien. BISp-Jahrbuch. Bonn: Bonndruck GmbH.

ABBILDUNGSVERZEICHNIS

Anhang

I. Skizzierung der einzelnen Unterrichtseinheiten

Unterrichtseinheit	Inhalt
1. UE (s. Kapitel 5)	– Was kommt in den nächsten Wochen auf euch zu. Was wird von euch erwartet. Aufbau einer Lern- und Leistungsmotivation unter Zuhilfenahme eines „Advance Organizer“. – Aufwärmen und erste Erfahrungen mit Ball, Schläger, Schlägerhaltung. – Schulung des Ballgefühls – auch mit der „neuen“ Griffhaltung. – Übungen und Spiele mit Rh-Schupfen am Tisch – erste Feedbackgespräche. – Lernenden werden in den Lernprozess mit einbezogen – wo liegen ähnliche Fehlerbilder? Wer kann von wem am meisten lernen? – Wir sammeln Erfahrungen im Rh- und Vh-Spiel – wo liegen unsere Schwächen / wo unsere Stärken? Woran wollen wir arbeiten? – Einsatz erster Lernhilfen, um das Training bzw. den Unterricht spannender zu gestalten – Zählweisen, zusätzliches Material etc. – Stundenteil: Übungs- oder Wettkampfformen (z.B. das Summenspiel). – Abschlussreflexion.
2. UE (s. Synopse, Anhang II)	– Ausführliche Wiederholung und Anwendung der Inhalte aus der 1. UE. – Wo befinden wir uns auf unserem „Advance Organizer“? – Was müssen wir noch einmal wiederholen? Was könnt ihr bereits? – Einfach-regelmäßige Übungen zum Schupfen. Ziel: Erreichen längerer Ballwechsel. – Kombiniert regelmäßige Übungen: Schupfen – Vh-Topspin – erste Blockversuche. – Für die Talente: Annäherung an den Vh-Topspin; einfache Übungen. – Für die weniger Geschickten: Spielformen mit dem Rh-Schupfen. – Ggf. auch im Stationsbetrieb unter Zuhilfenahme der Lernstation Vh-Topspin (siehe Anhang IV). – Kenntnisse zu beiden Techniken – Was ist der „Sinn“ dieser Techniken? Wo liegen Unterschiede und Gemeinsamkeiten (z.B. tangentialer Balltreffpunkt, einmal wird er unten getroffen und einmal eher oben...)? Wann und warum kann ich welchen Schlag einsetzen? – Kooperative Lernphase: Leistungsstärkere Schüler*innen unterstützen leistungsschwächere Schüler*innen (Lernhelfer-System). – Für erste Spielfähigkeitsversuche wird der (Hilfs-)Aufschlag eingeführt: Der Ball wird entweder direkt nach eigenem Anwurf aus der Luft (für Fortgeschrittene) oder nach einmaligem Auftippen auf der eigenen Tischhälfte auf die andere Tischseite gespielt. Bei der zweiten Variante darf der Ball nur von unten nach oben geschlagen werden. – Übungs- oder Wettkampfform: „Verflixte-7“ (siehe Synopse weiter unten). – Verabschiedung & Tischabbau.

3. UE	– Analyse eines kurzen Video-Ausschnitts aus dem TT-Vereins-Anfängerbereich. Frage: Was können wir bereits – was eher noch nicht? – Anknüpfen an Advance Organizer → Öffnung des Unterrichts für Freiarbeit. Die Schüler*innen setzen sich eigenständig aus ihrer Sicht realistische Lernziele für diese UE. Ihnen wird Lernzeit eingeräumt, in der sie diese verfolgen können. – Die Spiel- und Übungspartner*innen können ggf. frei gewählt werden. Die Lehrkraft hat die Schüler*innen bei der Gestaltung dieser „freien“ Phase zu unterstützen, und sie sollte das Geschehen auch kontrollieren und bei Missbrauchsversuchen intervenieren. – (Lern-)Ziele könnten sein: „Ich möchte heute den Rh-Schupf verbessern, so dass ich relativ sicher 10 Bälle am Stück zurückspielen kann...“ oder für Fortgeschrittene „Heute versuche ich den Rh-Schupf so einzusetzen, dass ich damit punkten kann“ oder mit Fokus auf das Angriffsspiel „Ich versuche heute auf den Balltreffpunkt beim Vh-Topspin zu achten...“, „Wie schaffe ich es, dass der Ball regelmäßig über das Netz geht und ich damit auch den Punkt mache“, oder auf das defensive Blockspiel bezogen „Ich versuche heute mein Blockspiel zu verbessern“. – Reflexionszeit in der Gruppe: „Was hat heute gut - was hat weniger gut geklappt?“ „Was hat heute im zwischenmenschlichen Bereich gut/schlecht funktioniert?“ „Woran konnte man erkennen, ob ihr heute hilfsbereit, verlässlich oder/und kritikfähig wart?“ Um die Lerneffekte auch im sozialen Bereich zu fokussieren und die SuS zur Mit-Verantwortung für den Trainingsbetrieb anzuregen, ließe sich hier ein Reflexionsbogen (siehe BEISPIEL oben) einsetzen. – Freies Spielen als gemeinsamer Stundenabschluss: Die Lernenden spielen mit Partner*in ihrer Wahl. Vorab einigt man sich auf Regeln (z.B. Was ist erlaubt / was nicht?) und klärt, ob eher kooperativ (gemeinsam) oder kompetitiv (gegeneinander) gespielt wird. Spätestens nach 2 Sätzen bzw. 5 Min. Partnerwechsel.
4. UE	– Eigenständiges (Weiter-)Lernen anbahnen. Die Lehrkraft zeigt den Lernenden Möglichkeiten auf, Übungen eigenständig zu generieren. – Anhand des Advance Organizer überlegen SuS und Lehrkraft gemeinsam, wie es inhaltlich weitergehen sollte. Was sind die eigentlichen Schwierigkeiten des TT-Spiels – z.B. ist das Erzeugen von Rotation ein wichtiges Element! – (Lern-)Ziele könnten sein: Mit welchen Techniken können wir die meiste Rotation erzeugen? Wie können wir diese Aufgabe gemeinsam lösen? – In Kleingruppen üben die Schüler*innen die Techniken, die sehr viel mit Rotation zu tun haben. Dazu kann die Lehrkraft das sog. Ballkistenzuspiel (s.o.) einführen, bei dem ein Lernender als Zuspieler, einer als Ballsammler, einer als Beobachter/Trainer und einer als Übender agiert. Die Übungen werden dabei mit Unterstützung der Lehrkraft ausgewählt/diskutiert. Fokus auf technische Elemente (z.B. wiederholtes Üben des Topspins gegen verschiedene Rotationsarten), taktische Elemente (z.B. Einüben erster Spielzüge), auf konditionelle Aspekte (z.B. sehr viele Bälle über mehrere Minuten) oder koordinative Aspekte (z.B. Bälle mit unterschiedlichen Farben in verschiedene Ecken spielen). – Lehrkraft entscheidet situationsangemessen, wie oft sie die Kleingruppen verändert, sodass der Übungsfluss erhalten bleibt, aber auch andere SuS miteinander üben können. – Übungs- oder Wettkampfform: Im Ballkistenformat bleiben die Übenden zusammen in ihrer Kleingruppe. Die Lehrkraft nennt verschiedene Aufgaben für alle Tische (z.B. „Welcher Tisch schafft es die meisten Bälle innerhalb von einer Minute fehlerfrei zurückzuspielen?“ „Welcher Tisch schafft es als erstes, die Ziele, die ich auf den Tisch gestellt habe, nacheinander umzuschießen?“ „Welcher Tisch hält es am längsten durch, ohne einen Fehler die Bälle des Zuspielers zurückzuspielen?“ „Welcher Tisch entwickelt in den nächsten 3 Minuten die ‚coolste‘ Übung?“). – Reflexionszeit in der Gruppe: „Was hat euch Spaß gemacht?“ Was war eher langweilig? Warum?“ „Was wollt ihr in Zukunft häufiger machen?“ „Was gar nicht mehr?“ – Diese Ideen und Anregungen werden auf dem Advance Organizer vermerkt.

5. UE	– Spielerische Erwärmung – Heute spielen wir Rundlauf (ohne Ausscheiden) zum Einspielen. – Lernziele: Die Lernenden erkennen die besondere Relevanz der Wahrnehmung im Tischtennis – Wie lassen sich einzelne Sinne gezielt nutzen? – Beispiele und Impulse zur Nutzung der einzelnen Sinne – hier am Beispiel des Rh-Topspins (siehe auch Lernstation Rh-Topspin). – Akustischer Analysator/Hören: „Höre einmal auf deine selbst erzeugten Geräusche“ / Optischer Analysator/Sehen: „Beobachte, wie dein Schlägerblatt vor dem Rh-Topspin steht – mehr offen – mehr geschlossen – mehr halboffen?“ / Taktiler Analysator/Haut-Tastsinn: „Was verändert sich, wenn du den Schläger ganz fest, mittelfest, locker, ganz locker in der Hand hältst?“/ Vestibulärer Sinn/Gleichgewicht: „Was passiert, wenn du dich beim Rh-Topspin leicht nach vorne/hinten lehnst?“ / Kinästhetischer Sinn/Bewegungsempfinden: „Spiel jetzt den Topspin einmal mit 50 % deiner maximalen Kraft/Geschwindigkeit, und später mit 80 % - welchen Unterschied merkst du?“ – Lasse das Bewegungsgefühl beschreiben (siehe Tipp 5): durch sprachliche Durchdringung von eigenen Bewegungsempfindungen eine deutlich größere Bewusstseinsebene erreichen. Einsatz von Metaphern oder auch Analogien zum Anstoß der Versprachlichung nutzen (z.B. „Beim Rh-Topspin kannst du dir auch vorstellen, dass du eine Frisbee mit einem Unterhandwurf weit werfen möchtest. Führe die gleiche Bewegung mit deinem Schläger aus (nur, dass du den Schläger festhalten solltest)“. – Reflexionszeit in der Gruppe: „Was nehmt ihr aus der heutigen Einheit für euch mit?“ – Lehrkraft sammelt Stichpunkte (ggf. als Exkurs auf dem Advance Organizer). – Spiel- und Wettkampfform: Als gemeinsamer Stundenabschluss wird in Kleingruppen (6-7 SuS) der Rundlauf aus der Erwärmung aufgegriffen. Zusatzregeln (siehe Lernstation Rundlauf) machen hier ein ausgeglichenes Spiel möglich. Alternativ lässt sich auch mit Auf- und Abstieg arbeiten (bspw. wer zwei Finale gewonnen hat, rückt einen Tisch nach oben etc.).
6. UE	– Ausführliche Wiederholung der Inhalte aus der 5. UE – Warum ist die Wahrnehmung so wichtig für das TT-Spiel? – Tischtennis als Ausgangspunkt, um allgemeine und sportartenspezifische Bewegungselemente zu schulen – Die Entwicklung eines „Tischtennisgartens“ mit unbekannten Tischaufbauten. – Lernziele: Wir sind in der Lage. ungewohnte, spannende, schwierige Bewegungsprobleme (individuell) zu lösen. – Lehrkraft gibt Stationskarten zum sog. Tischtennisgarten aus (siehe ausführlich dazu Keller & Klein-Soetebier, 2018; Lernstation: TT-Garten). – In Kleingruppen bauen die SuS ihre Station auf und entwickeln eigenständig Regeln für diese Station – Die Lehrkraft unterstützt sie dabei! – Freie Lernzeit an der jeweiligen Station – Die Lernenden spielen zu zweit im Einzel oder zu viert im Doppel an ihrer Station. Bereits hier sollen sie sich Gedanken über die Besonderheiten des besonderen Aufbaus machen; Schwierigkeiten herausstellen; Lösungen anbieten; Regeln erarbeiten. – Mit- und Voneinander lernen: Die Kleingruppen stellen dem Rest der Klasse ihre Station vor, geben Hinweise und bestimmen die für sie wichtigen Regeln. – Spiel- und Wettkampfform: In geordnetem (z.B. Wechsel im Uhrzeigersinn) oder ungeordneten Prinzip (z.B. jede Gruppe wechselt nach vorgegebener Zeit) werden die einzelnen Stationen des TT-Gartens erprobt. Wenn ein abschließender Wettkampf erfolgen soll, lassen sich Spielformen in den TT-Garten integrieren (z.B. Summenspiel, Verflixte-7 (s.o.), Kaisertisch/Königsspiel, Kreuzchenturnier (s.a. Friedrich & Fürste, 2012). – Reflexionszeit in der Gruppe: „Was denkt ihr: Welche eurer Fähigkeiten habt ihr an welcher Station besonders genutzt?“ „Welchen Nutzen sehen wir für das ‚wirkliche‘ Tischtennisspiel?“

7. UE	– Techniken kontrastieren – Die Bedeutung der verschiedenen Techniken im TT deutlich machen: Bezug zum Advance Organizer herstellen. – Kontrast zwischen zwei Lerninhalten thematisieren (z.B. Schupfen versus Topspin) – Ein/e Partner*in nimmt eine eher passive Rolle ein und spielt Bälle mit einer Schupftechnik (Rh / Vh) ein; der/die andere Partner*in schupft 2-3 Bälle zurück und versucht dann einen Ball mit einem Vh-Topspin zu eröffnen. Hier kann der Unterschied der beiden Rollen (aktiv vs. passiv) herausgearbeitet werden – Übungen für alle! Übungen für Fortgeschrittene! (siehe Advance Organizer). – Lernhilfen vereinfachen auf unterschiedlichste Weise das Verständnis der Bewegung (z.B. Veränderung der Lernübung: Ziele, Schwierigkeit, Raum, Spielkorridore auf dem Tisch usw.). Exemplarisch werden hier die sog. Flip-Paddles eingesetzt (siehe Lernstation: Techniken kontrastieren – Rotationsunterschiede erkennen). – Erneuerung bzw. Erweiterung der Sinn- und Bewegungsvorstellung – auch durch kurzzeitige, taktile Begleitung oder kurzzeitige Lautierungen beim Vollzug. – Spiel- und Wettkampfform: „Tankwart versus Terminator“ (alternativer Titel „Bankdirektor versus Bankräuber“; s. Friedrich & Fürste, 2012; S. 26). Bei dieser Kombination aus Rundlauf und ‚normalen‘ Einzelspielen spielen alle Übenden in einer Spielform, aber in Teilen auch für sich selbst. – Die Schüler*innen machen sich in Kleingruppen Gedanken über die kommende Leistungsbeurteilung. Sie können eigene Vorschläge dazu einbringen, z.B. welche Inhalte und Kompetenzen wie abgeprüft und gewichtet werden sollen. Hier ein kleiner Fragebogen, der den Schüler*innen Orientierung geben kann: a. Sollen Aufschlag, Rh-Schupfen, Vh-Topspin sowie Block von allen SuS verlangt werden? Wie soll ich als Lehrkraft damit umgehen? b. Wie soll ich die sozialen Leistungen der einzelnen SuS erfassen und bewerten (z.B. als Zuspieler, Sparringspartner, Feedbackgeber). c. Mit wieviel % der Gesamtnote soll das beurteilt werden? d. Wie sollen die Beiträge bei den Unterrichtsgesprächen und Reflexionen angemessen berücksichtig werden? e. Was sollte ich sonst noch bedenken? – Abschlussrunde / Blitzlichter aus den Gruppen / Lehrkraft sammelt die Vorschläge der SuS ein.
8. UE	– Lernerfolgskontrolle – Leistungserfassung – Spielverhalten. – Die Übenden reflektieren – ggf. anhand des Advance Organizers – die vergangenen Einheiten; was haben wir gelernt / was konnten wir noch nicht angehen? – Heute wollen wir überprüfen, was wir dazu gelernt haben (siehe Leistungserfassungen Teil 1-3; Übungen für alle / Übungen für Fortgeschrittene!). – Danach „freies Spiel“ für die Übenden, die die Leistungserfassungen bereits absolviert haben. – Abschlussbesprechung – Kritik, Anregungen, neue Ideen. – Verabschiedung der Gruppe (ggf. mit Handout, Skript, Lernkarten zum eigenständigen Weiterlernen, o.ä.

II. Synopse zur 2. Unterrichtseinheit

- Wiederholung und weitere Ausdifferenzierung der Fertigkeiten, auch im Helfersystem

Phase	Inhalt	Arbeitsform	Intendierter Lernprozess
Aufwärmen/ **Einkoordinieren/** **Wiederholung**	• Ausführliche Wiederholung und Anwendung des Stoffes aus der 1. UE • Bewegungsabläufe und Übungen werden nochmals am Lehrer-Schüler-Modell verdeutlicht • SuS können Verständnisfragen äußern	• L-Vortrag • L-Modell • (ggf. SuS-Modell) • Paarweises Spielen / zu viert an einem TT-Tisch	• Die SuS erhalten Transparenz zu den Inhalten und Zielsetzungen des Unterrichtsverlaufs • Die SuS. übernehmen die Arbeitsanweisungen
Neue Übungs- und Lernphase	• Einfach-regelmäßige Übungen zum Schupfen. Ziel: Erreichen längerer Ballwechsel. Feedback / Lernsteuerung. • Kombiniert regelmäßige Übungen: Schupfen – Vh-Topspin – erste Blockversuche. Verdeutlichung der Abläufe, Feedback / Lernsteuerung. • Für die Talente: Annäherung an den Vh-Topspin; einfache Übungen • Für die weniger Geübten: Spielformen mit dem Rh-Schupfen • Kenntnisse zu beiden Techniken • Die talentierten SuS variieren die Übungsformen	• Paarweises Spielen / zu viert an einem TT-Tisch Kleingruppenarbeit • Lehrerbegleitung	• Die SuS erlernen, üben und festigen ihre motorischen Fähigkeiten und technischen Fertigkeiten • Die SuS durchdringen kognitiv den Sinn der unterschiedlichen Übungen • Die SuS unterstützen sich gegenseitig
Lernhelfer-Phase **Freie Phase als Spiel- und Wettkampfphase**	• Leistungsstärkere Schüler*innen unterstützen leistungsschwächere Schüler*innen (Lernhelfer-System). • „Verflixte-7“: Ziel des Spiels ist es möglichst viele Gesamtpunkte zu erlangen. Es wird an jedem Tisch ein Einzelspiel bis zum Erreichen von 7 Punkten (keine 2-Punkte-Vorsprung-Regel) gespielt. Wenn ein Spiel beendet ist, darf der Sieger zur Tafel laufen und bekommt einen Punkt. Zum Verlierer am Tisch kommt dann ein anderer Sieger und muss gegen den Verlierer spielen, wobei der Verlierer seine im letzten Spiel erzielten Punkte beibehalten darf (z.B. 4:7-Niederlage = 4:0-Führung im nächsten Spiel),	• Plenum im Kreis • L- gelenktes Gespräch • Paarweises (Wettkampf-)Spielen mit vielen Wechseln	• Die SuS unterstützen sich gegenseitig • Erprobung und Anwendung der Techniken im Spiel • Die Lernenden erproben ihre (neu erlernten) Fähigkeiten im sportlichen Wettkampf • Dabei geht es hier auch um ein Verständigen, Kooperieren und Wertschätzen: Sowohl leistungsstärkere müssen sich Herausforderungen stellen (wenn sie bspw. durch die besonderen Regeln der Spielform zu Beginn in Rückstand liegen) und die

	so ist gewährleistet, dass auch schwächere Spieler zu Erfolgserlebnissen kommen. • Anm.: Sind mehr Spieler als Tische vorhanden, so kommt immer derjenige Spieler an die Reihe, der z.B. auf einer Bank an der vordersten Stelle sitzt, d.h. sobald einer rausgeht (nach dem Gewinn eines Spiels), muss dieser ganz hinten auf der Bank Platz nehmen und rutscht dann kontinuierlich nach vorne. Alternativ lassen sich auch Bewegungsparcours o.ä. einbauen, die die Spieler nach dem TT-Spiel durchlaufen müssen, um die Zeit zu überbrücken. • Empfindet die Lehrkraft die Wechsel als zu hektisch oder zu langatmig, kann die Verflixte-7 auch in eine Verflixte-9 (längere Spieldauer-weniger Wechsel) oder in eine Verflixte-5 (kürzere Spieldauer-mehr Wechsel) umgewandelt werden.		leistungsschwächeren müssen sich fair verhalten (indem sie bspw. die Wahrheit dazu sagen wie viele Punkte sie im vorangegangenen Spiel erzielt haben). • Der Fairplay-Gedanke steht im Vordergrund
Abschließende Reflexions- und Sicherungs-phase **Abbau**	• Im gemeinsamen Abschlussgespräch können SuS und L. ihre Beobachtungen, Erfahrungen austauschen • SuS bauen gemeinsam TT-Tische ab		• Die SuS verankern ihre praktischen Erfahrungen im Reflexionsprozess • Die SuS erkennen den Sinn von Übungen anhand eigener Fortschritte • Die SuS übernehmen Verantwortung für den Abbau

III. Advance Organizer

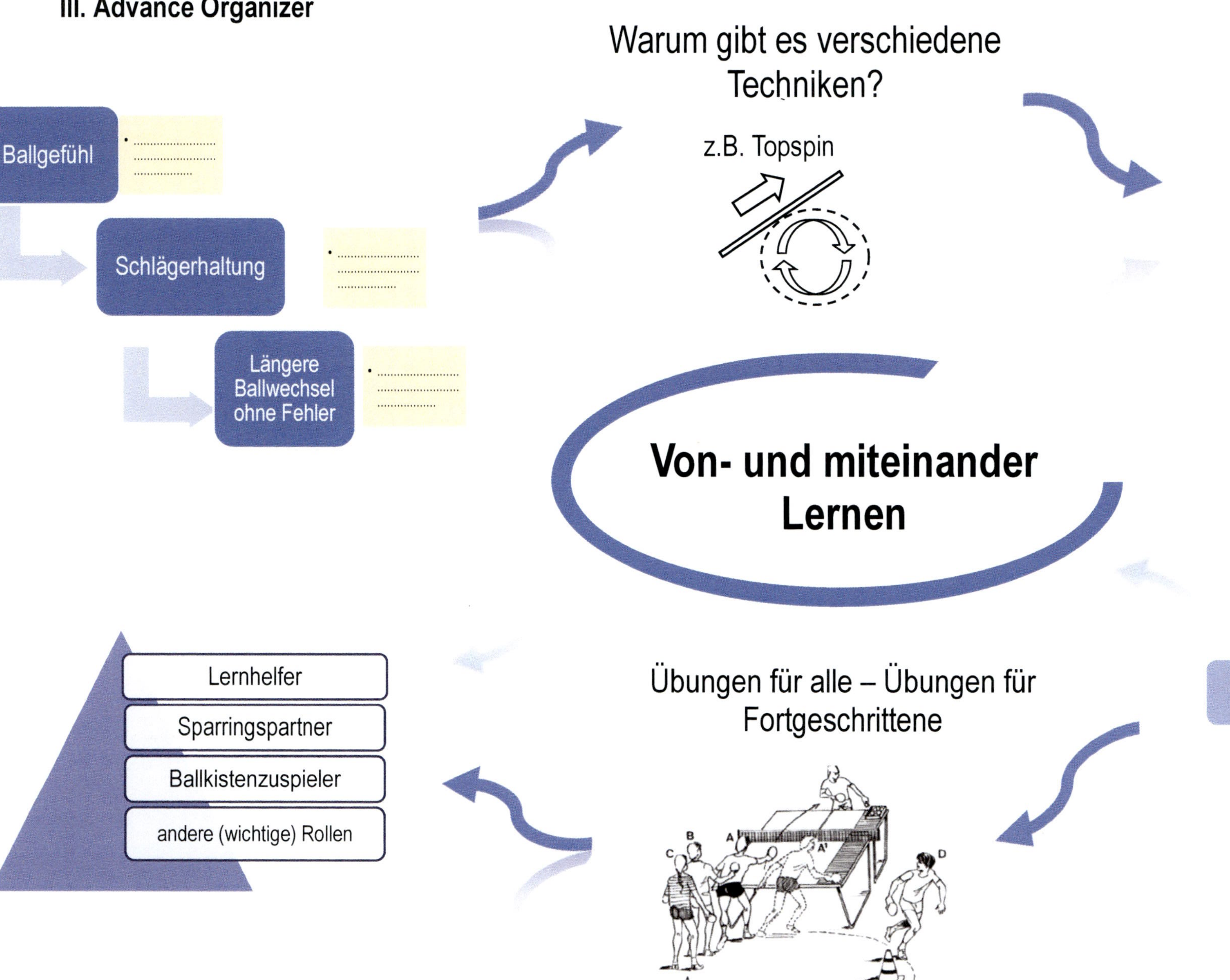

IV. Stationsbetrieb

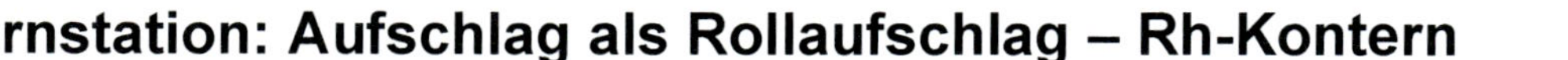

Lernstation: Aufschlag als Rollaufschlag – Rh-Kontern

<u>Ziel:</u> Erfahrungen mit / Erlernen des Rollaufschlages – Erwiderung des Rollaufschlages und Konterspiel Rh-Rh

<u>Aufgabe:</u>

1. Schaue Dir die Aufschlagbewegung des Rollaufschlages auf der Skizze genau an.
2. Versuche die Bewegung – ohne den Ball zu spielen – zu imitieren.
3. Gehe danach die folgende Übungsreihe mit Deinem Partner durch:

   a. In korrekter Ausgangsstellung (Beine schulterbreit, leicht vorneigt und nicht so aufrecht) wird der Ball als Hilfsaufschlag eingespielt. Dazu lässt man den Ball aus der Hand auf die eigene Tischhälfte fallen und versucht ihn nach mehrmaligem Aufspringen auf die andere Seite zu spielen. Versucht dies mit der Rh-Konterbewegung. Der Partner fängt zunächst den Ball und spielt dann entsprechend zurück.

   b. Wie unter a), jedoch nach einmaligem Aufspringen des Balles.

   c. Ohne „Hilfsaufschlag“, d.h. direkt aus der Luft spielt Spieler A nun den Ball Partner B zu. Achtet hier darauf, dass ihr den Ball gerade hochwerft und frühzeitig ausholt. Der Partner fängt den Ball und spielt seinerseits mit Rollaufschlag zu A.

   d. Wenn die vorstehende Übung gekonnt wird, dann unmittelbar nach dem Rollaufschlag Rh-Rh-Kontern im Fluss spielen.

Bei Fragen und Problemen könnt ihr Rat holen bei ....!

<u>Nach der Stationsarbeit:</u>

Welche/n Tipp/s wollt ihr euren Mitschülern geben?

___

___

Lernstation: Unterschnittaufschlag - Schupfen - kontrolliert

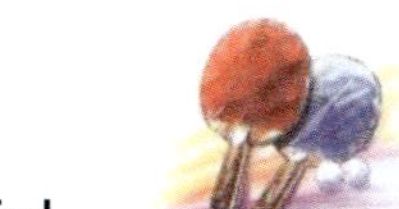

Ziel: Erfahrungen mit / Erlernen des Unterschnittaufschlages sowie des Rh-Schupfens – flaches und zielgenaues Spiel

Aufgabe:

1. Schaue Dir den **Unterschnittaufschlag** auf der Skizze genau an (das Schupfen ist fast identisch mit dieser Bewegung!).
2. Versuche die Bewegungen – ohne den Ball zu spielen – zu imitieren.
3. Gehe danach zunächst die folgende Übungsreihe (a-d) mit Deinem Partner durch. Später könnt ihr auch die Schupf-Wettkämpfe (e-f) durchführen.

   a. In korrekter Ausgangsstellung den Ball nach mehrmaligem Aufspringen auf der eigenen Tischfläche mit Unterschnittaufschlag zum Partner spielen; dieser fängt den Ball und spielt entsprechend zurück.
   b. Wie unter a), jedoch nach einmaligem Aufspringen des Balles.
   c. Spieler A spielt nun den Ball nach eigenem Anwurf zu B; dieser fängt den Ball und spielt seinerseits mit Unterschnittaufschlag zu A.
   d. Wenn vorstehende Übung gekonnt wird, dann unmittelbar nach dem Unterschnittaufschlag in das Rh-Rh-Schupfen übergehen (im Fluss).
   e. Schupf-Wettkampf auf Ziele (z.B. Bierdeckel, Flip-Paddles) – Wer erreicht die meisten Treffer in einer bestimmten Zeit?
   f. Wettkampf „Schupf-Schupf": Wer erreicht den stärksten Unterschnitt (Rückwärtsdrall)?

Bei Fragen und Problemen könnt ihr Rat holen bei ....!

Nach der Stationsarbeit:

Welchen Tipp wollt ihr euren Mitschülern geben?

____

____

Lernstation: Vh-Topspin

Ziel: Erfahrungen mit / Erlernen des Vh-Topspins – Rotation erzeugen

Aufgabe:

1. Schaue Dir die Topspinbewegung auf der Skizze genau an.
2. Versuche die Bewegungen – ohne den Ball zu spielen – zu imitieren.
3. Gehe danach die folgende Übungsreihe mit Deinem Partner durch:
    a. Suche dir eine Wand und spiele einen Ball so gegen die Wand, dass der Ball nachdem er auf den Boden fällt von alleine wieder zur Wand zurückrollt. Schaue dir gegebenenfalls etwas bei den anderen in der Halle ab.
    b. In *tischferner* Position den Ball nach dem Aufspringen auf dem Boden mit der Vh-Topspinbewegung auf die Tischhälfte des Partners spielen; dieser fängt den Ball und spielt entsprechend zurück.
    c. In korrekter Ausgangsstellung (etwas tischnäher als unter a) den Ball nach mehrmaligem Aufspringen *auf der eigenen Tischfläche* mit der VH-Topspinbewegung zum Partner spielen; dieser fängt den Ball und spielt entsprechend zurück. *Achtung: Der Ball sollte ganz nah an der Grundlinie auf deiner Tischfläche aufspringen!*
    d. B wirft A den Ball mit flachem Anwurf zu (lang genug!) – A zieht mit Vh-Topspin – B fängt den Ball auf. Nach einiger Zeit Rollenwechsel.
    e. Für Fortgeschrittene: Topspinbewegung mit Rotationsverstärkung (Wer erreicht die stärkste Ballrotation?).
    f. Einwurf des Balles – Topspin gegen Topspin (Ball sollte etwas weiter hinter dem Tisch *auf Hüfthöhe* getroffen werden!) – Achtung: Gut hinter dem Tisch bewegen!

Bei Fragen und Problemen könnt ihr Rat holen bei ....!

Nach der Stationsarbeit:

Welchen Tipp wollt ihr euren Mitschülern geben?

____

____

Lernstation: Techniken kontrastieren – Rotationsunterschiede erkennen

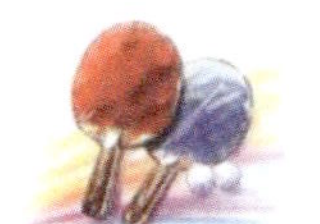

Ziel: Techniken kontrastieren und situationsangemessen nutzen – Funktion unterschiedlicher Rotationen einordnen!

Aufgabe:

1. Überlegt euch zu zweit oder in kleinen Gruppen, welche unterschiedlichen Schlagtechniken ihr bisher kennengelernt habt, und wie sie sich eurer Meinung nach unterscheiden (z.B. Schupfen im Vergleich zum Topspin).
2. Spielt euch zunächst zu zweit Bälle mit der Schupftechnik hin und her.
3. Jetzt versucht einer von euch eher „passiv" zu spielen, also immer nur zurück zu schupfen; der/die andere kann nach 2-3 geschupften Bällen versuchen, „aktiv" zu werden, indem er/sie den Ball mit einem Vh-Topspin eröffnet. Wechselt die Rollen immer dann, wenn eine/r von euch dreimal hintereinander erfolgreich „eröffnet" hat.
4. Übungen für alle: Nehmt euch als Lernunterstützung **2-3 Flip-Paddles** und stellt sie auf die „passive" Seite des Tisches. Versucht nun mit dem Topspin die verschiedenen Zielplatzierungen anzuspielen. Ihr könnt auch mitzählen, wie oft ihr welches Ziel getroffen habt.

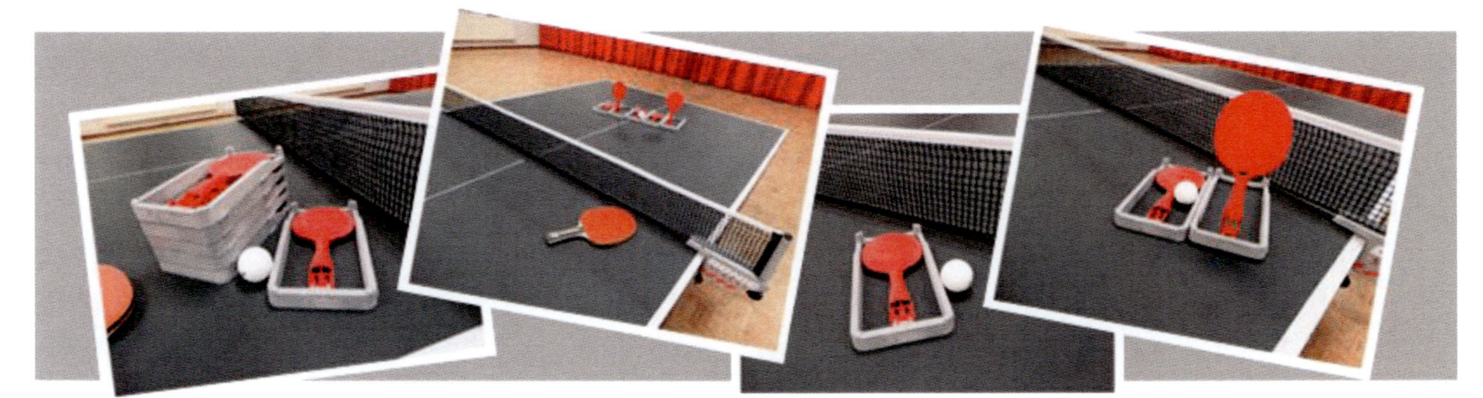

(© Tischtennis Trainings Tools / Matthias Pietsch & Holger Voges GbR / www.tt-trainingstools.de/flip-paddle/)

5. Übungen für Fortgeschrittene: Wählt die Platzierung der Lernunterstützung ganz bewusst aus! Was macht es für einen Unterschied für eure Technik, wenn ihr die Ziele nah ans Netz stellt, oder wenn ihr sie ganz weit hinten positioniert?
6. Probiert die unten abgebildeten Spiel- bzw. Übungsformen mit den Flip-Paddles in Kleingruppen oder in Partnerarbeit aus.

Tipp: Wenn die Flip-Paddles direkt hinter dem Netz stehen, könnt ihr überprüfen, ob ihr den Ball sehr flach gespielt habt (z.B. beim Schupfen oder beim Aufschlag)!

Variationen:

- „Flip-Paddle-Ballkiste“: Ihr könnt die Flip-Paddles auch im Ballkistenzuspiel einsetzen (siehe „Spielvariante A“).
- „Flip-Paddle-Biathlon“: Ihr müsst jedes Mal wenn ihr einen (zwei, drei, vier) Ball (Bälle) gespielt habt, eine Runde um den Tisch laufen und euch wieder an die Reihe der anderen Spieler*innen anstellen (siehe „Spielvariante B“).
- „Flip-Paddle-Biathlon an mehreren Tischen“: Immer, wenn ihr einen Ball vom Zuspieler / von der Zuspielerin auf die Ziele (Flip-Paddles) geschossen habt, lauft ihr weiter zum nächsten Tisch. Zählt selber mit, wie oft ihr erfolgreich wart (siehe „Spielvariante C“).

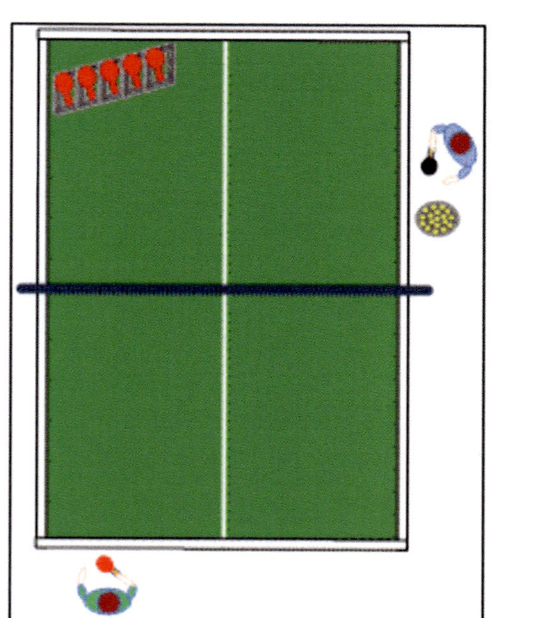

„Spielvariante A“

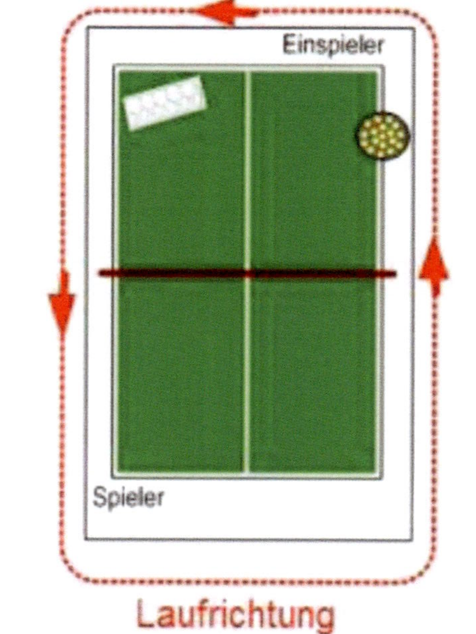

„Spielvariante B“

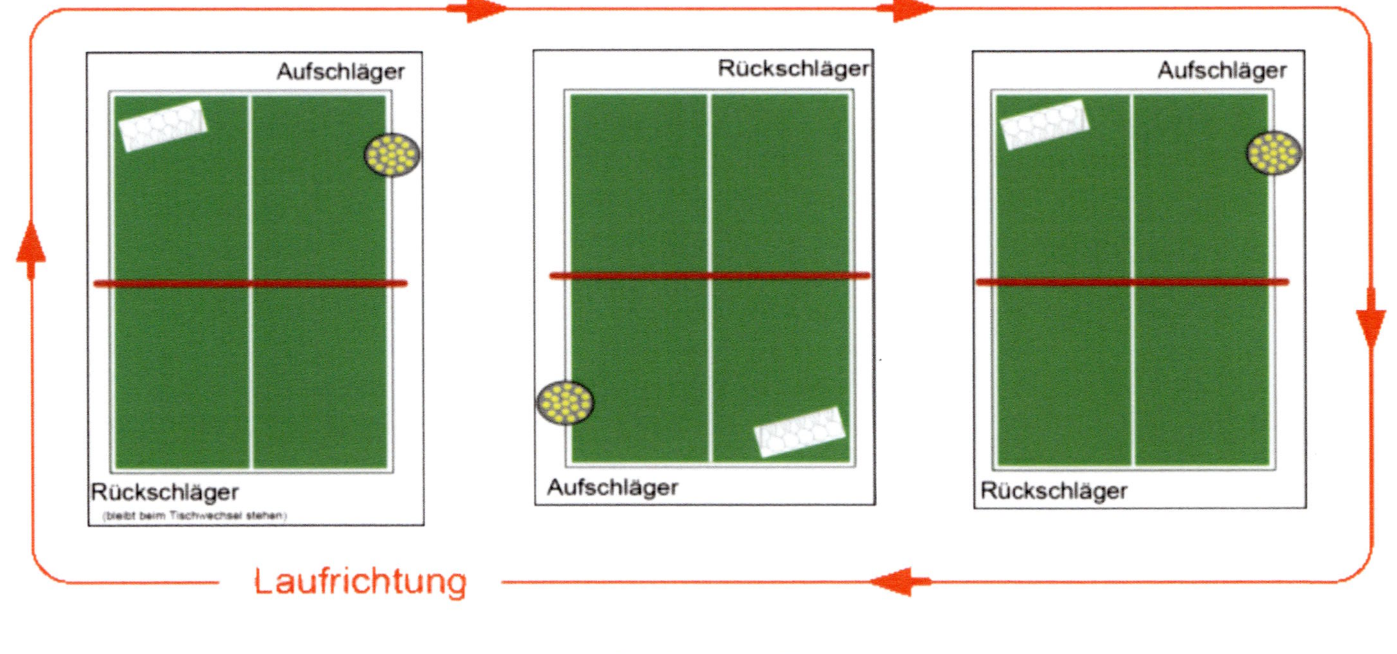

„Spielvariante C“

<u>Nach der Stationsarbeit:</u>

Welche (Spiel- oder Übungs)-Varianten könnten wir nächstes Mal auch noch ausprobieren?

___

___

___

___

Lernstation: Rh-Topspin (für Fortgeschrittene oder zum Experimentieren)

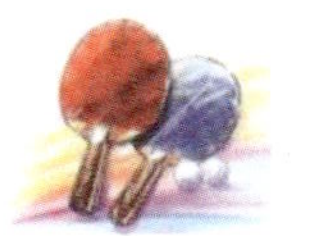

Ziel: Erfahrungen mit/Erlernen des Rh-Topspins – Der Einsatz des Handgelenks im Tischtennis

Aufgabe:

1. Denke an den Vh-Topspin zurück – welche Elemente sind bei der Rh gleich/ähnlich, welche gar nicht?
2. Schaue dir die Bewegung des Rh-Topspins auf dem Video an – Imitiere die Bewegung ohne Ball mehrmals hintereinander.
3. Gehe danach die folgende Übungsreihe mit deinem Partner durch:
   a. Lasse den Ball auf der eigenen Tischhälfte aufspringen und versuche ihn mit leicht geschlossenem Schlägerblatt auf die andere Hälfte zu „ziehen"; auch hier ist es wichtig ganz fein über den Ball zu streifen; dein Partner fängt den Ball und versucht das gleiche. Hier braucht ihr schon einen richtigen TT-Schläger damit der Ball am Belag haften bleibt.
   b. Nehmt die Frisbee, die neben euch auf dem Tisch liegt, und werft euch diese mit einem normalen Frisbee-Unterhand-Wurf (vorsichtig) zu.
   c. wie a) stellt euch gut zum Ball und versucht den Ball wieder auf die andere Seite zu ziehen – denkt dabei an die Frisbee und wir ihr da das Handgelenk und den Unterarm eingesetzt habt; der Partner blockt den Ball mit seiner Rh.
   d. gelingt euch c) spielt euer Partner oder eure Partnerin den Ball ein (auch mal mit Unterschnitt) und ihr versucht diesen Ball mit dem Rh-Topspin zu erwidern – achtet auch hier auf ein angemessenes Lerntempo! Lasst euch also Zeit bei den einzelnen Schritten!
   e. Wer schafft es die meisten Rh-Topspins am Stück zu spielen? Der Partner zählt (laut) mit!

Bei Fragen und Problemen könnt ihr Rat holen bei ....!

Nach der Stationsarbeit:

Welchen Tipp wollt ihr euren Mitschülern geben? Was hat euch geholfen?

____

____

Spielstation: Rundlauf – ohne Ausscheiden!

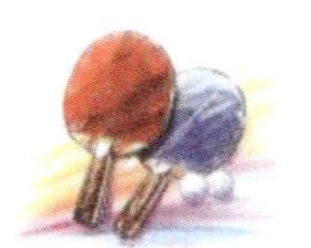

Ziel: Spiel aus/nach der Bewegung – Intuitives Spielen im Rundlaufformat

Aufgabe:

1. Spielt Rundlauf ohne Ausscheiden.
2. Jeder zählt seine eigenen Fehler.
3. Sieger*in ist nach Ablauf der Zeit, der Spieler/die Spielerin mit den geringsten Fehlern.

Tipp: Vereinbart in der Gruppe, ob ihr den Ball nur im Spiel halten dürft, also auf die Fehler warten müsst, oder ob ihr euch auch nach einigen Ballwechseln trickreich ausspielen dürft.

Variationen:

- Rundlauf-verkehrt-herum: die Laufrichtung wird gedreht!
- Handicap-Rundlauf: alle spielen mit der nicht-dominanten Hand, in Penholder-Haltung, mit beiden Händen am Schläger etc.
- Schläger-auf-den-Tisch: Es wird ohne „extra Leben“ gespielt, scheidet ein/e Spieler/in aus, darf er/sie seinen/ihren Schläger an einer beliebigen Position auf dem Tisch platzieren. Wird ein Schläger getroffen darf dessen Besitzer/in sich dem Rundlauf direkt wieder anschließen. Im Finale entfällt diese Regel (damit zügig eine neue Runde beginnen kann).
- Schläger-Übergabe: es wird auf jeder Seite des Tisches nur mit einem Schläger gespielt. Das heißt, der Schläger muss nach dem Schlagen an den Nächsten / die Nächste übergeben werden. Sollte man dies vergessen, wird es als Fehler gewertet. Alternativ kann der Schläger auch auf dem Tisch abgelegt werden (z.B., wenn nur noch zwei Spieler/inne/n im Spiel sind).
- Doppel-Tisch: Es wird ein zweiter Tisch neben den Spieltisch gestellt und nach den normalen Rundlaufregeln (s.o.) gespielt.
- Langer Tisch: Es wird ein zweiter Tisch hinter den Spieltisch gestellt und nach den normalen Rundlaufregeln (s.o.) gespielt.
- Graben-Rundlauf: bei einem Tisch, der sich in zwei Spielhälften trennen lässt, werden zwei Netze angebracht und die Tischhälften ca. einen Meter auseinandergezogen. Nach dem Schlagen muss ein/e Spieler/in durch diesen „Graben“ laufen und sich auf der anderen Seite anstellen. Wird er/sie beim Durchqueren des Grabens getroffen, scheidet er/sie aus.

Nach der Stationsarbeit: Fallen euch noch weitere Variationen ein? Wenn ja, welche: ______________________________

Lernstation: Das passive Spiel – Rh-Block und Vh-Block

<u>Ziel:</u> (Bewegungs-)Lösungen für schnelle Bälle finden – Erwiderung eines Topspins mit Rh und Vh

<u>Aufgabe:</u>

1. Überlege zunächst – eventuell auch mit deinem Partner – was es so schwer macht einen Topspin zurückzuspielen.
2. Der Block ist ein sehr passiver Schlag – versuche bei deinen ersten Versuchen daher beim Topspin deines Partners deinen Schläger nur „hinzuhalten“ ohne einen Schlag auszuführen.
3. Gehe danach die folgende Übungsreihe mit deinem Partner durch:

   a. Spiele in Ausgangsstellung einen (langen) Ball in die Rh (später auch Mitte) deines Partners; dieser spielt einen langsamen Vh-Topspin (aus der Rh-Seite); versuche deinen Schläger in den Ballweg zu halten; der Partner fängt den Ball auf.
   b. Wie a), jedoch fängt der Partner den Ball nicht sondern versucht den nächsten Topspin anzuschließen.
   c. Die Rollen tauschen; es ist Zeit dafür sich ein paar Tipps mit auf den Weg zu geben.
   d. Schritt für Schritt erhöht der Topspinspieler das Tempo seiner Schläge und der Blockspieler versucht mitzuhalten.
   e. Wenn die Übung (Vh-Topspin aus Rh gegen Rh-Block) gekonnt wird, könnt ihr den Topspin auch mal in die Mitte oder die Vorhand spielen.

Bei Fragen und Problemen könnt ihr Rat holen bei ....!

<u>Nach der Stationsarbeit:</u>

Welche Rolle spielt die genaue Stellung des Schlägerblatts beim Rh- und Vh-Block? Welche Erfahrungen habt ihr gemacht? Woran könnt ihr erkennen, wie stark ihr euer Schlägerblatt anwinkeln müsst?

____

____

____

Lernstation: Der Tischtennisgarten

Ziel: Erfahrungen mit unterschiedlichen Bewegungsproblemen – Erprobung ungewohnter Tischaufbauten

Aufgabe:

1. Station: „Der Sichtschutz“

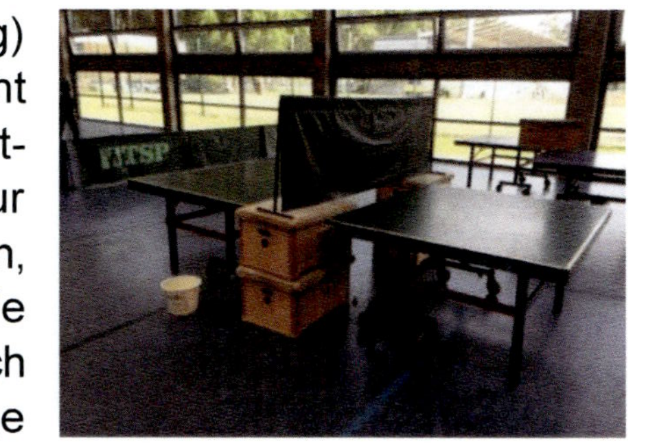

Bei dieser Station wird ein beliebiger Sichtschutz (z.B. eine Matte oder eine Spielfeldumrandung) zwischen zwei Tischhälften positioniert. Durch den Sichtschutz haben die Spieler/innen keine Einsicht auf die gegnerische Tischhälfte und das Gegenüber. Sie müssen also anhand weniger, spätankommender Informationen den Ball zurückspielen. Die vom Gegner gewählte Schlagart ist nur schwer zu erkennen, es muss also auf das Flug- und Absprungverhalten des Balles geachtet werden, um die Rotation zu erkennen (siehe Bild). Von den koordinativen Fähigkeiten wird hier besonders die Reaktionsfähigkeit angesprochen, aber auch die Orientierungsfähigkeit geschult, da die Übenden sich eine Vorstellung vom Raum hinter dem Sichtschutz machen und anhand dieser ihre Rückschläge koordinieren müssen.

2. Station: „Der Banden-Tisch“

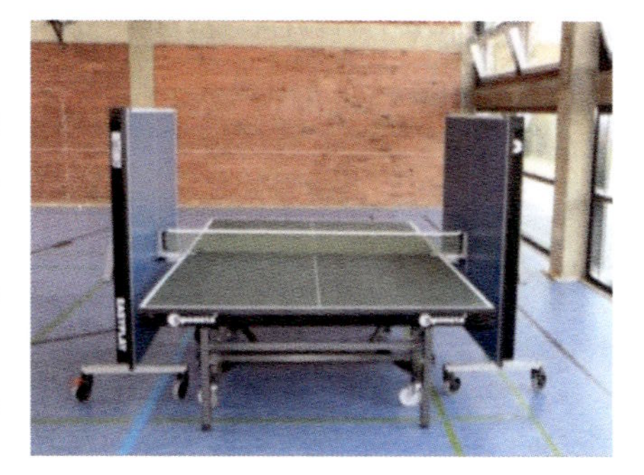

Bei dieser Station werden neben den normalen Tischtennistisch zusätzlich auf jede Seite eine Tischhälfte vertikal, also nicht heruntergeklappt, aufgestellt. Durch diese „Banden“ als zusätzliche Spielfläche ergeben sich viele neue Möglichkeiten, den Ball auf die gegnerische Tischhälfte zu bringen. Die Spieler und Spielerinnen müssen auf diese neuen Möglichkeiten reagieren, wodurch sowohl ihre Reaktionsfähigkeit als auch ihre Antizipationsfähigkeit geschult wird. Sie lernen demnach frühzeitig Informationen zu sammeln und mögliche oder wahrscheinliche Rückschläge des Gegenübers vorwegzunehmen. Bei der eigenen Schlagauswahl muss sich kurzfristig für eine von unzähligen Möglichkeiten entschieden werden.

3. Station: „Der versetzte Tisch“

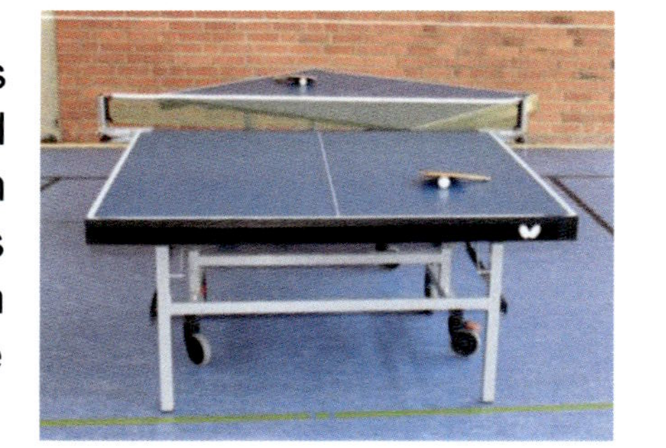

Eine Tischhälfte wird um ca. 45 Grad versetzt zur anderen Tischhälfte aufgebaut. Durch den daraus entstehenden größeren „Streuwinkel“ wird eine große Herausforderung an die Orientierungs- und Gleichgewichtsfähigkeit gestellt. Dadurch, dass die Tischhälfte und auch das Gegenüber sich nicht an der gewohnten Position befinden, entfällt eine Konstante bei der Orientierung im Raum. Durch das Spielen von der angewinkelten Tischhälfte aus kommt es öfter zu ungewohnten Gleichgewichtsverlagerungen, die so schnell wie möglich ausgeglichen werden müssen, um in die Ausgangsposition zurückzukehren und wieder spielbereit zu sein.

4. Station: „Der Squash-Tisch“

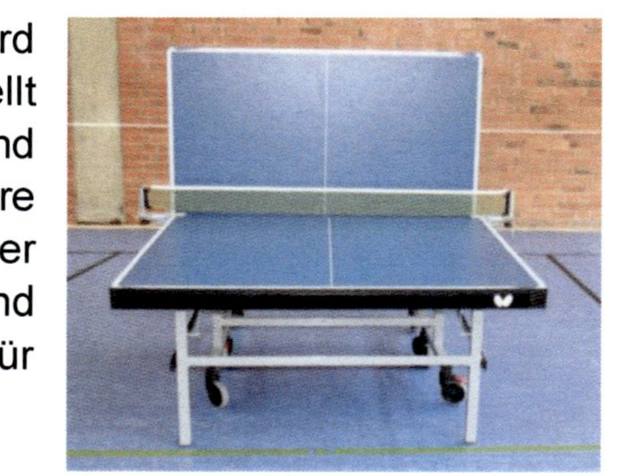

Eine Tischtennishälfte wird horizontal aufgestellt, eine weitere direkt dahinter vertikal aufgebaut Es wird im Eins gegen Eins eine Art „Squash“ gegen die Tischhälfte gespielt. Es bleibt den Übenden freigestellt festzulegen, ob sie immer diagonal oder das komplette Feld bespielen, was viel mehr Bewegung und damit Beinarbeit nötig macht. Die Übende merken schnell, dass Bälle mit viel Unterschnitt eine höhere Wahrscheinlichkeit haben, nach dem Schlagen wieder auf dem Tisch zu landen. So lassen sich hier neben koordinativen Fähigkeiten auch physikalische Prinzipien im TT thematisieren. Umstellungs- und Reaktionsfähigkeit sind gefragt, da die Übenden aufgrund der kurzen Distanz zur „Wand“ wenig Zeit für eine adäquate Antwort haben. Vorteil dieser Station ist, dass sie auch alleine bespielt werden kann.

5. Station: „Der Schräg-Tisch“

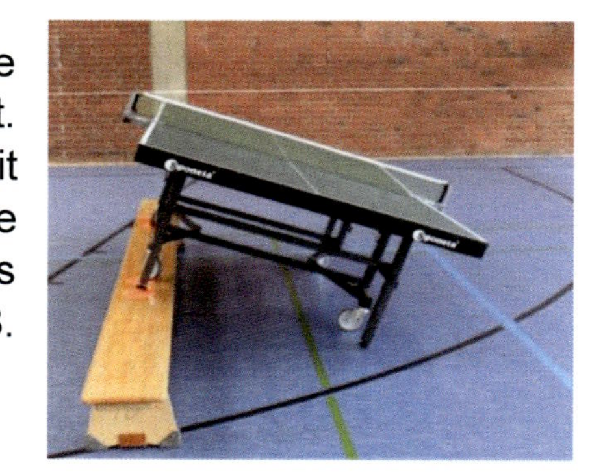

Der Tischtennistisch steht auf einer Seite erhöht und bildet somit ein einseitiges Gefälle (z.B. mit Hilfe einer Bank oder einem Turnkasten). Das Absprungverhalten des Balls wird zur tieferen Seite verlagert. Ein erfolgreiches Zurückspielen des Balles wird erst durch gute Antizipations- und Umstellungsfähigkeit ermöglicht. Die Schwierigkeit für die Übenden kann durch die Neigung des Tisches oder die gewählte Rotation des Schlages (z.B. Seitschnitt) variiert werden. Nachteil bei einer Bank als Unterstützungsfläche ist, dass Übende stolpern könnten oder der Tisch von der Bank rutscht (z.B. Bremsen anziehen, und ggf. rutschfeste Unterlagen oder eine Matte vor die Bank legen).

6. Station: „Der Tal-Tisch“

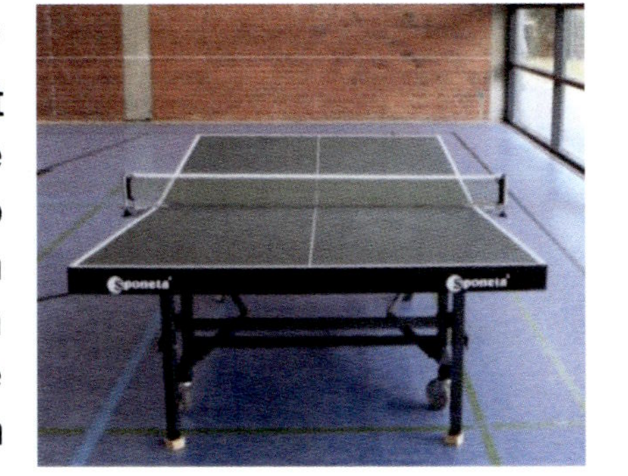

Für diese Station werden beide Tischhälften an der Stirnseite erhöht, sodass in der Mitte ein „Tal“ entsteht. Der Ball springt bei dieser Station generell höher ab und verliert auch etwas an Tempo. Damit hat das Gegenüber mehr Zeit für den Rückschlag und kann auch sehr stark gespielte Bälle teilweise noch retournieren. Durch die Erhöhung entstehen aber mehr Möglichkeiten, den Ball mit viel Tempo zu spielen. So lassen sich gut Topspin-Bälle oder Schüsse üben, da die Bälle nicht so leicht über den Tisch hinausfliegen. Konzentration und Reaktionsfähigkeit sind hier sowohl beim Rückschlag als auch bei der eigenen Schlagausführung von Nöten. Diese Station eignet sich sehr gut die Umstellungsfähigkeit. Durch die starke Verlangsamung des Balles muss der Übende den normalen Spielrhythmus an diese Veränderung anpassen.

7. Station: „Der Graben-Tisch“

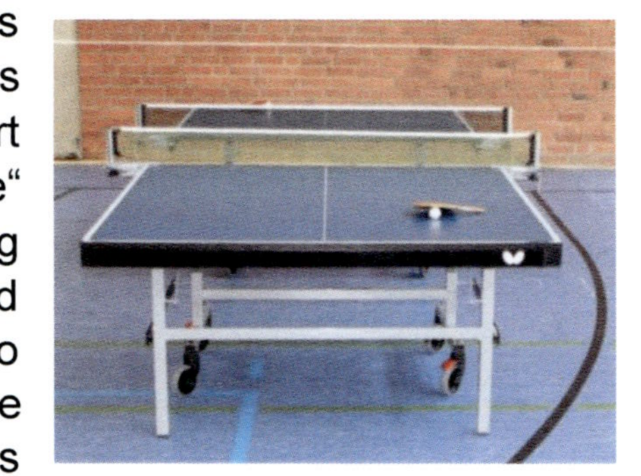

Bei dieser Spielform wird das Spiel „groß bzw. lang“ gemacht, indem zwei Tischhälften, mit jeweils einem Netz, etwa einen Meter auseinandergezogen werden. Man kennt diesen Aufbau aus methodischen Übungsreihen zum Vorhand-Topspin, bei denen die Bewegungsamplitude vergrößert werden soll. Aufgrund der größeren Distanz, die es zu überbrücken gilt, ist eine größere „Energie“ gefordert. Diese kann durch die Kopplung verschiedener Teilbewegungen zu einer Gesamtbewegung entwickelt werden. Diese Station schult also vorrangig die Kopplungsfähigkeit. Die Spieler und Spielerinnen lernen den ganzen Körper mit in die Bewegungsführung einzubauen und generieren so erheblich mehr Energie, die sie für den Schlag nutzen können. Darüber hinaus gilt es auch hier, diese anzupassen, um den Ball nicht zu kurz in den Graben, aber auch nicht zu lang über den Tisch hinaus zu spielen. Diese Station schult somit auch die Differenzierungsfähigkeit.

8. Station: „Der Miniatur-Tisch“

Für diese Station benötigt man eine Miniaturausgabe eines gewöhnlichen Tischtennistisches. Es ist naheliegend, dass hier ein hohes Maß an Ballgefühl und Präzision erforderlich ist, um den Ball erfolgreich auf die andere Tischseite zu spielen. Diese hohe Genauigkeit und Bewegungsökonomie spricht vor allem die Differenzierungsfähigkeit an. Die Schwierigkeit steigt erheblich, umso weiter man sich vom Tisch entfernt. Es ist leichter in einen Rhythmus zu kommen, wenn man viele schnelle Bälle hin und her spielt, als wenn man versucht, den Ball über eine längere Strecke zu spielen. Für geübtere Spieler und Spielerinnen kann hier auch mit kleineren (Miniatur-)Schlägern gespielt werden.

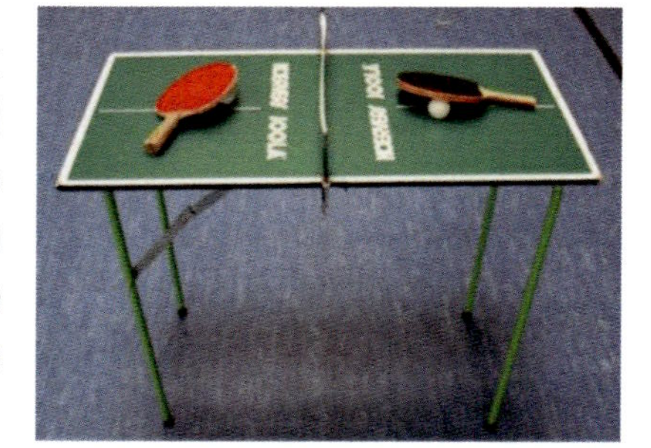

9. Station: „Der Reaktions-Tisch“

Es wird ein normaler Tischtennistisch aufgebaut, allerdings werden auf dem Tisch auf beiden Seiten verschiedene Hindernisse platziert (z.B. alte Gummibeläge, Pylonen, Streichholzschachteln, alte Schläger etc.). Diese dienen dann als „Hindernis“ während des Spiels. Die Spieler und Spielerinnen müssen auf das unterschiedliche Absprungverhalten der Bälle reagieren und ihre im Vorfeld geplanten Bewegungen situationsgemäß anpassen. Daher ist vor allem die Anpassungs- und Umstellungsfähigkeit gefordert. Wie der Name der Station schon sagt, ist eine gute Rektionsfähigkeit nötig, um bei diesen kurzfristig wechselnden Balltrajektorien noch den Ball erwidern zu können.

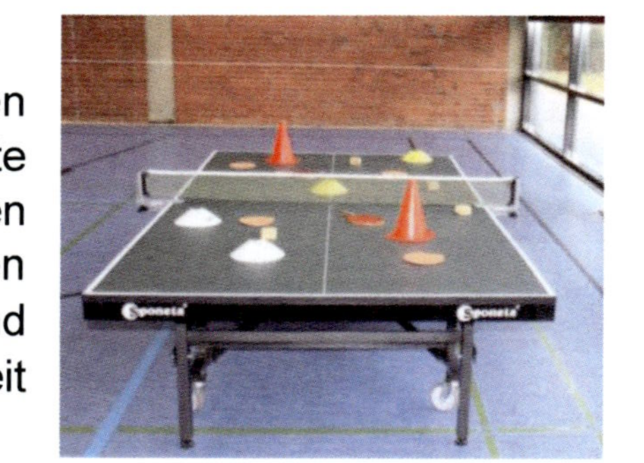

10. Station: „Der Zick-Zack-Tisch“

Für diese Station werden zwei Tischtennishälften gegensätzlich auf einer Seite links und rechts erhöht. Dadurch ist eine exakte Antizipation des Ballabsprungs enorm schwierig. Es gilt hier den Ball gut zu beobachten (Wahrnehmungsfähigkeit) und sich an das veränderte Absprungverhalten anzupassen (Anpassungsfähigkeit). Neben diesen Fähigkeiten werden ebenfalls die Gleichgewichtsfähigkeit aufgrund der häufigen Auf-und-ab-Bewegungen sowie die Orientierungsfähigkeit für die richtige Position im Raum geschult. Man benötigt für diesen Aufbau allerdings wiederum trennbare Tischhälften.

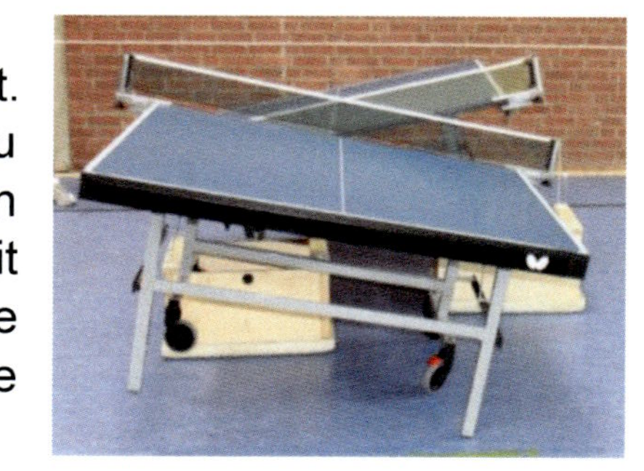

11. Station: „Der Dreieck-Tisch“

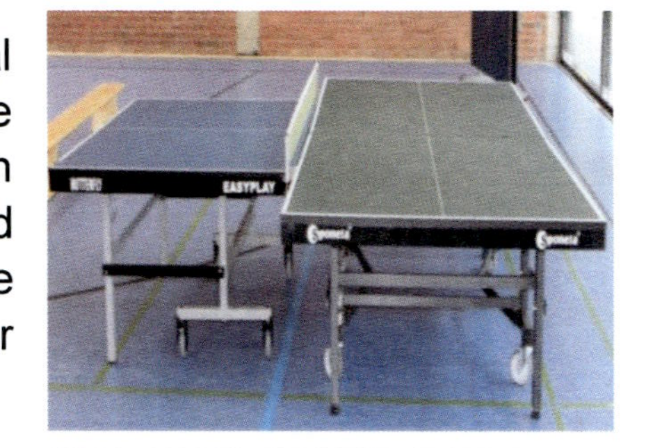

Bei dieser Station wird neben den normalen Tisch (ohne Netz) eine zusätzliche Tischhälfte orthogonal mit Netz aufgestellt. Ein/e Spieler/in steht auf der Längsseite des Tisches ohne Netz, der / die andere Spieler/in an der halben Tischseite, sodass normal über das Netz gespielt werden kann. Um die durch diesen Aufbau entstandene breitere Spielfläche abzudecken, ist eine erhöhte Orientierungs- und Gleichgewichtsfähigkeit hilfreich. Die Übenden müssen sich dann so im Raum positionieren, dass sie die Möglichkeit haben, alle Seiten abzudecken. Der Schwierigkeitsgrad der Station kann noch weiter erhöht werden, indem der normale Tisch an den Stirnseiten noch erhöht wird.

12. Station: „Der lange Tisch“

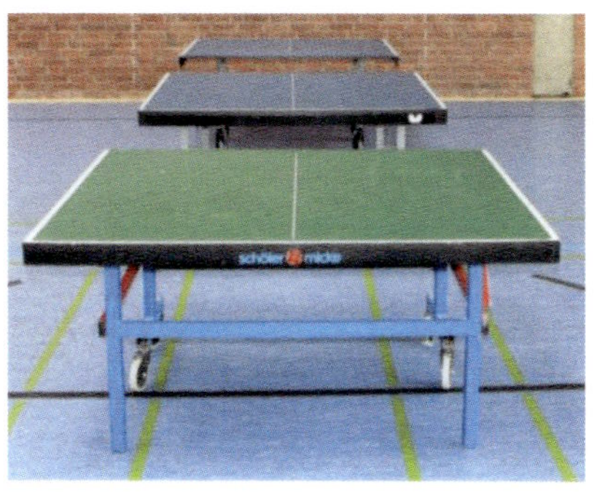

Drei Tischhälften werden (ohne Netze) in circa 0,5 bis 1m Abstand aufgestellt. Damit alle drei Tische erfolgreich bespielt werden können, muss darauf geachtet werden, niedrig und mit viel Druck nach vorne zu spielen. Bei dieser Station wird speziell die Differenzierungsfähigkeit geschult. Insbesondere beim Spielen von längeren, härter geschlagenen Bällen ist neben einer gut ausgebildeten Differenzierungsfähigkeit auch eine ausgeprägte Kopplungsfähigkeit von Vorteil. Es lassen sich, wenn nicht ausreichend viele halbe Tische zur Verfügung stehen, alternativ auch einfach zwei normale Tische hintereinander stellen, um einen ähnlichen Aufbau zu erzielen.

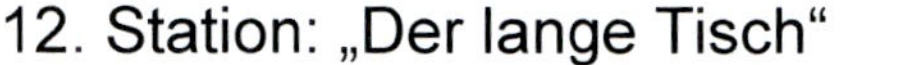

Nach der Stationsarbeit können beispielsweise folgende Reflexionsfragen das Durchdenken anregen:

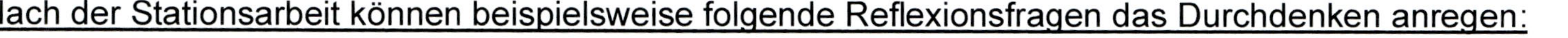

An welchen Stationen wurden welche Fähigkeiten von euch benötigt?

Welche Stationen waren warum besonders attraktiv / weniger attraktiv?

Welche Sonderregeln musstet ihr einführen?

Teil A – Leistungsüberprüfung für ALLE!

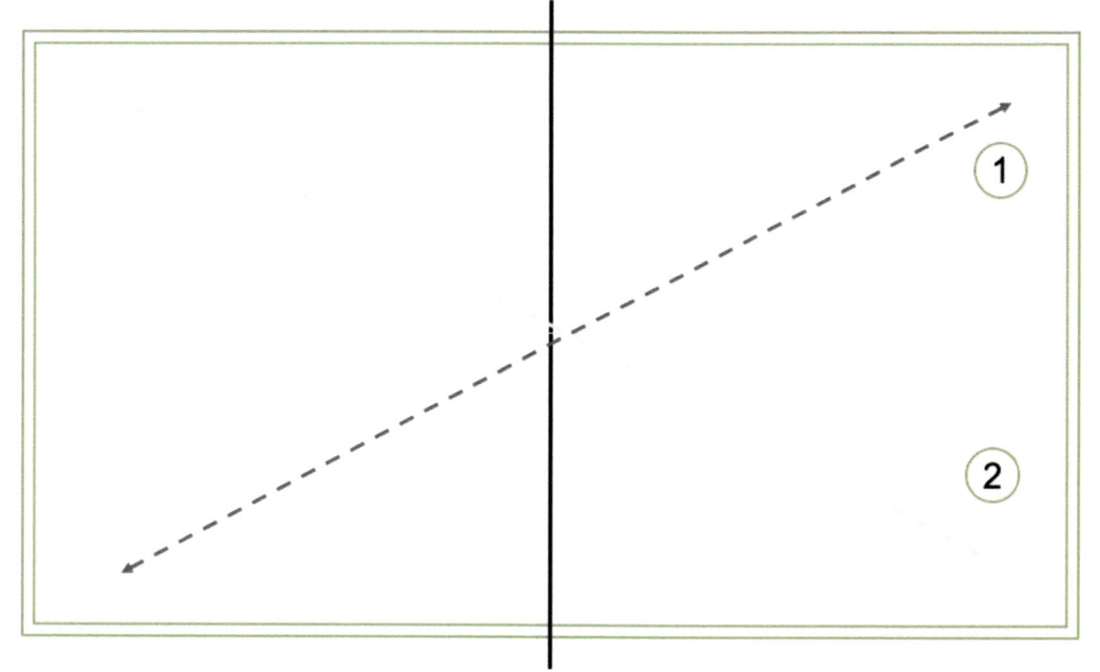

1. Vorhandspiel miteinander – Ball wird als Roll- oder Hilfsaufschlag eingespielt. Wir schaffen heute mindestens 20 Netzüberquerungen!
2. Rückhandspiel miteinander – Ball wird als Unterschnittaufschlag (indirekt) eingespielt. Wir können den Ball mit (Rückwärts-)Rotation sicher zuspielen!

Teil B – Demonstration des Ballkistenzuspiels

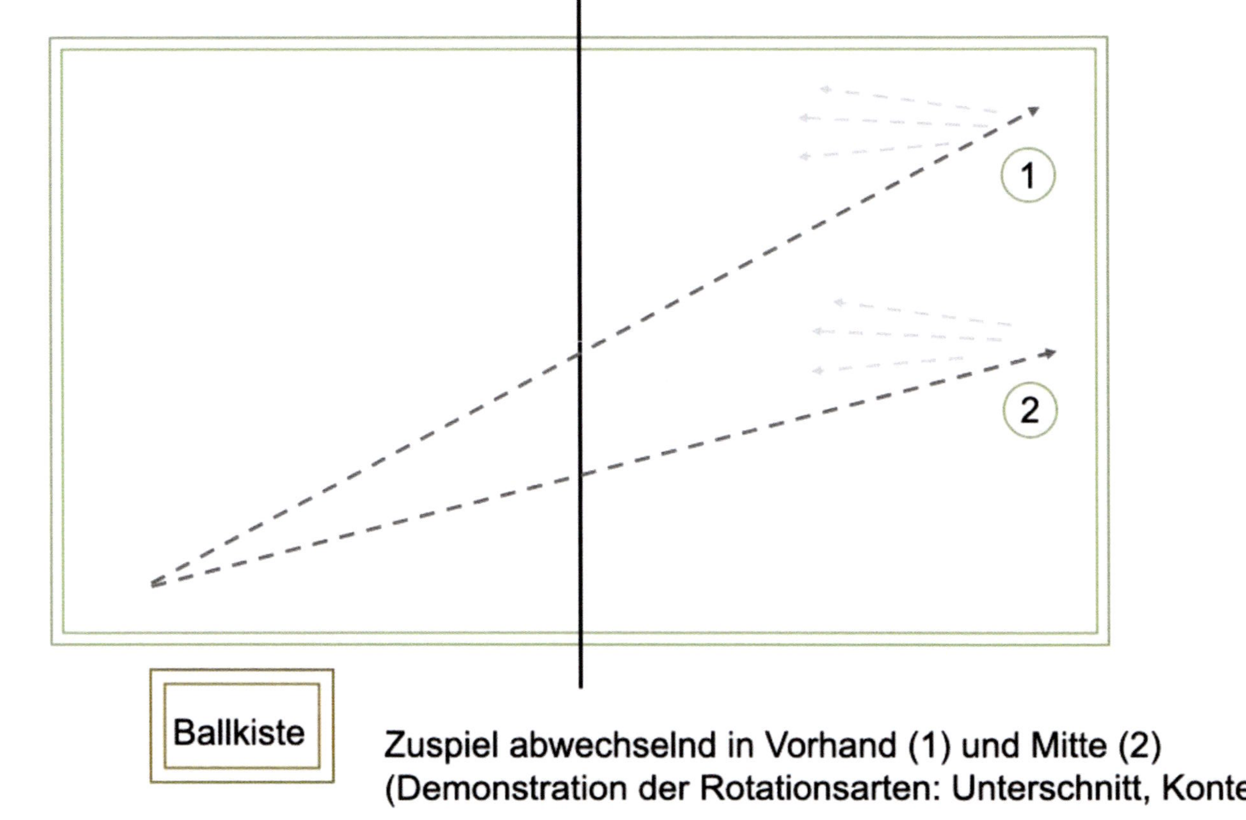

Zuspiel abwechselnd in Vorhand (1) und Mitte (2)
(Demonstration der Rotationsarten: Unterschnitt, Konter, Topspin)

Teil C: Leistungsüberprüfung für FORTGESCHRITTENE!

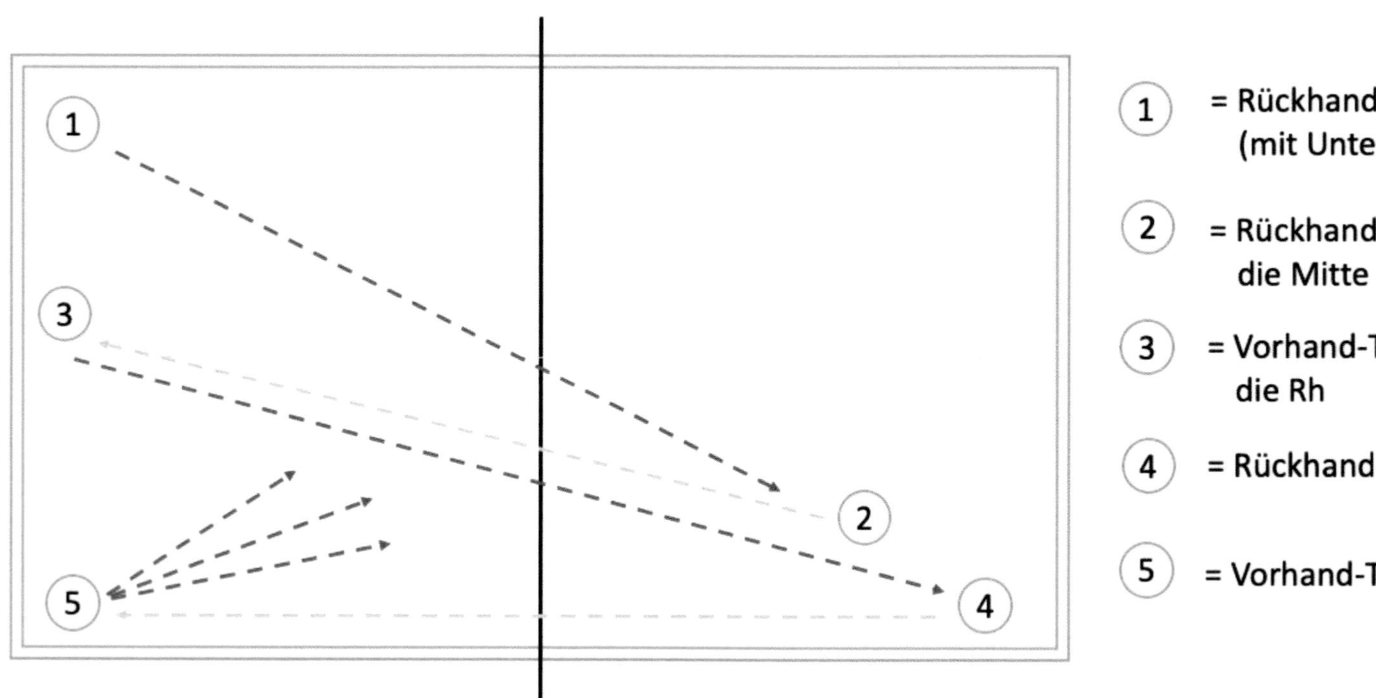

(1) = Rückhand-Aufschlag (mit Unterschnitt)

(2) = Rückhand-Schupf in die Mitte

(3) = Vorhand-Topspin in die Rh

(4) = Rückhand-Block in die Vh

(5) = Vorhand-Topspin frei

<u>Aufgabe:</u> Rh-Aufschlag mit Unterschnitt, Rh-Schupf in Mitte, Vh-Topspin aus der Mitte in die Rh, Rh-Block parallel in Vorhand, VhT frei!

Kopiervorlagen

Schupfen – so findest du die passende Übung!

Probiere folgende Varianten aus und stelle fest, was für dich die größte Herausforderung ist:

1. Langsames Hin- und Herspielen, möglichst keinen Fehler machen
2. In einen bestimmten Zielbereich schupfen (nicht zu treffende Spielfläche mit Zeitung abdecken)
3. Kleine Ziele treffen auf der gegnerischen Seite (Bierdeckel, Streichholzschachtel) oder dicht über der Netzkante (mit Wäscheklammern festgemachte Bierdeckel)
4. Schnelles Hin- und Herschupfen
5. Schupfen mit maximal Unterschnitt, so dass dein Trainingspartner Fehler macht

Die schnellste Sportart der Welt: Tischtennis!

Tischtennis gehört zu den schnellsten Sportarten, die es gibt. Die „normalen" Reaktionszeiten der Spieler*innen reichen zumindest im Wettkampfsport kaum aus, den ankommenden Ball rechtzeitig und kontrolliert (also zielbewusst) zurückspielen zu können. Und auch für Anfänger*innen ist es nicht leicht, schnell zu reagieren, sich richtig in Position zu bringen und dann auch noch mit der richtigen Technik zu antworten.

1. **Welche Strategien und Maßnahmen sind deines Erachtens geeignet, mit dem Reaktions*druck* am besten umgehen zu können?**

2. **Suche zu Hause einmal im Internet nach Antworten und berichte in der nächsten Trainingseinheit über das, was du gefunden hast.**

Fairplay geht auch im TT vor!

- ✓ Ich betrachte meine Mitschüler*innen und auch meine Gegner als Partner
- ✓ Ich verschaffe mir keine Vorteile auf Kosten meines Gegenübers, weder beim Lernen, noch im Wettkampf
- ✓ Ich achte mit darauf, dass es in der Sporthalle allen gut geht; ich leiste Hilfe bei allen Gelegenheiten
- ✓ Ich versuche immer Spaß bei meinen Übungen oder auch Wettkämpfen zu haben. Es ist schließlich ein Spiel
- ✓ Ich gehe mit Sieg oder Niederlage so um, dass mein Gegner nicht abqualifiziert oder gar gedemütigt wird
- ✓ Ich helfe so gut es geht mit, wenn es etwas in der Halle zu tun gibt (sammele z.B. Bälle mit auf oder helfe beim Auf- und Abbau)

Feedback-Regeln in unserer Lerngruppe

1. Fordere selbst Feedback gezielt ein (Das möchte ich besser können … / Dazu wünsche ich mir Feedback … / Hier benötige ich Unterstützung...).
2. Höre deinem Feedback-Geber gut zu und akzeptiere zunächst einmal seine Hinweise, auch wenn sie dir vielleicht „komisch“ oder „unangebracht“ vorkommen.
3. Als Feedback-Geber achtest du bitte darauf, a) deinen Partner aufzubauen b) ihm nicht mehr als zwei Hinweise zu geben.
4. Versucht nach dem Feedbackgespräch zusammen das Besprochene auszuprobieren bzw. beim Üben zu beachten (ACHTUNG! Manchmal zeigen kleinste Veränderungen erst etwas später die erhoffte Wirkung).

MEIN BEOBACHTUNGSBOGEN – DAS KANN ICH BEREITS					
Beispiel: „Mein Rh-Rollaufschlag“					
1 = sehr gut / 5 = gelingt mir gar nicht	**1**	**2**	**3**	**4**	**5**
Flaches Einspielen auf der eigenen Tischfläche					
Leichter Oberschnitt ist feststellbar					
Schnelles Einspielen					
Sicheres Einspielen					
Aufschlag geht dorthin, wo ich ihn platzieren möchte					
Vor und nach dem Aufschlag bin ich hellwach					
Ich kann den Aufschlag bereits sicher spielen					

Station: **Vh-Topspin / Ziel: Rotation erzeugen**

Aufgaben:

1. Schaut euch die Topspinbewegung auf der ausgelegten Skizze genau an.
2. Versucht die Bewegungen erst einmal zu imitieren, ohne den Ball zu spielen.
3. Geht danach die folgende Übungsreihe durch. Nutzt bitte den zweifarbigen Ball. So erkennt ihr besser die Rotation.

   a. In korrekter Ausgangsstellung den Ball nach mehrmaligem Aufspringen *auf der eigenen Tischfläche* mit der VH-Topspinbewegung zum Partner spielen; dieser fängt den Ball und spielt entsprechend zurück. *Achtung: Der Ball sollte ganz nah an der Grundlinie aufspringen / sich Zeit lassen beim Einleiten der eigenen Topspin-Bewegung!*
   b. A spielt den Ball mit flachem, langen Unterschnitt-Aufschlag in die Vh-Seite von B – B zieht mit Vh-Topspin – A fängt den Ball auf und spielt erneut ein. Nach einiger Zeit Rollenwechsel.
   c. Topspinbewegung mit Rotationsverstärkung (Wer erreicht die stärkste Ballrotation?).
   d. Topspin gegen Block – regelmäßig.

Bei Fragen und Problemen sprecht euren Lehrer oder einen Mitschüler an!

Und ... nur konzentriert lernen, bringt euch etwas!

Beobachte dich heute bei folgenden Anlässen selbst und schätze dein Verhalten ehrlich ein.
Kreuze bitte an: 1 = gar nicht/unzureichend / 10 = besonders gut/vorbildlich

Beim Auf- und Abbau der TT-Tische habe ich aktiv mitgewirkt, vielleicht sogar anderen geholfen

1	2	3	4	5	6	7	8	9	10

Ich habe mit darauf geachtet, dass auch andere gute Trainings- und Spielmöglichkeiten hatten

1	2	3	4	5	6	7	8	9	10

Ich bin verantwortlich mit dem Material (TT-Tische, Schläger, Bälle, Netze etc.) umgegangen

1	2	3	4	5	6	7	8	9	10

Arbeitsauftrag 1

_________, kannst du bitte mit ________ spielen. Er/Sie soll den Vh-Topspin weiter verbessern. Du spielst bitte immer langsam mit einem langen Unterschnitt-Aufschlag in seine Vh-Seite ein, damit ____________ sofort den Ball ziehen kann. Er/Sie soll erst einmal nur diagonal ziehen. Du blockst dann die Bälle so zurück, dass er/sie weiterhin mit seiner Vh ziehen kann. Achte darauf, dass du selbst möglichst wenige Fehler machst. Wenn dir etwas auffällt, kannst du auch Tipps geben, wenn er/sie das auch möchte.

Arbeitsauftrag 2

_______, beobachte bitte _________ oder _________ beim Rh-Block gegen Topspin

- Wird das Schlägerblatt rechtzeitig nach dem Ballaufsprung auf der Tischfläche angestellt?
- Ist die Schlägerblattneigung dem ankommenden Ball (Topspin) angemessen, z.B. was die Rotation und das Tempo anbelangt?
- Ist die aktive Bewegung des Unterarmes/Schlägers angemessen, z.B. nicht zu sehr schiebend, sondern eher nur angestellt bzw. zurückgenommen?

✓ Nutze die vorstehende Checkliste
✓ Du kannst auch die kleine Bildreihe nutzen, die auf der Bank liegt
✓ Vielleicht kannst du kurzzeitig selbst einmal Topspin einspielen oder den Block nochmals zeigen
✓ Verstärke gelingende Versuche durch Lob

Arbeitsauftrag 3

Stellt bitte nächste Woche eine neue Aufschlagvariante vor, die für unsere Klasse/Gruppe geeignet ist. Denkt dabei an das derzeitige Spielniveau und die bereits behandelten Schlagtechniken.

Findet 2-3 Übungen, bei denen mit diesem Aufschlag begonnen wird, aber danach auch ein sinnvoller Ballwechsel zustande kommt.

Wenn ihr Hilfen benötigt, schreibt mir eine Nachricht!

Anstöße zur Selbstmotivation der Schüler*innen

- Erwartungen an das Verhalten deutlich machen.
- Leistungsängste vermeiden – zu „produktiven" Fehlern, zum Experimentieren auffordern.
- Mittels Enthusiasmus zu weiteren Anstrengungen „motivieren".
- Immer wieder Modellieren und Vorzeigen („So kann man es auch machen"; „Hast du schon einmal das ausprobiert?"; „Was passiert, wenn du...?" → Lehrkraft zeigt Möglichkeiten auf).
- Herbeiführen von feinmotorischen und/oder kognitiven Konflikten („Spiel jetzt einmal gegen Johannes und probiere das gegen ihn aus. Mal sehen, was dann passiert.").
- Immer wieder Anspornen, Ermutigung, Feedback, Lob.
- Selbst hergestellte Videos (z.B. Smartphone) gemeinsam mit Dritten analysieren.
- TT-Wettkämpfe von Vereins- oder Leistungssportlern besuchen.

Grundannahmen zum TT-Lehr-Lernprozess

- Lernende sind keine „Füllbehälter" – sie sind Subjekte des Lernens, mit eigenen Vorstellungen, Vorlieben und zahlreichen unterschiedlichen Fähigkeiten, die beim Lernen eine Rolle spielen.
- Lernende benötigen zielführende Informationen, die von ihnen aber individuell unterschiedlich aufgenommen und verarbeitet werden.
- Die Motivation sowie Gefühle und Emotionen spielen bei Lernprozessen eine große Rolle.
- Das Arbeitsgedächtnis, die kognitive Flexibilität und die Inhibition sind wichtige persönliche Grundlagen, die es zu beachten gilt.
- Die Anschauung von den Gegenständen (Techniken, Spielweisen) ist Grundlage, aber auch Ziel von Lernprozessen.
- Wiederholung und Üben sind für den Erfolg und die Nachhaltigkeit des Lernens sehr wichtig.
- Das Vormachen, Modellieren, die Bewegungsanweisungen etc. sind bedeutsam. Aber ebenso das selbstständige Erkunden, die eigenen Lernwege, das Experimentieren. Lernende brauchen individuelle Freiräume zum Lernen.
- Die Grundbedürfnisse von Lernenden beim Lernen sollten möglichst häufig zufriedengestellt werden (Autonomieerleben, Erfolgserlebnisse, Anerkennung und Resonanz).

CHALLENGE-SPIELE		
Zahl	**„Challenge“**	**Intention**
2	nur mit der Rückhand spielen ist erlaubt	viel Bewegung, da die Vorhand umlaufen werden muss
3	dein/e Gegner/in hat immer Aufschlag	Vereinsspieler/innen, die schon einen guten Aufschlag beherrschen, sind nicht mehr so sehr im Vorteil
4	nimm den Schläger in die „Penholder“-Haltung	Feinmotorik wird bei dieser im asiatischen Raum häufig genutzten Schläger-Haltung besonders geschult. Der Schläger wird hier zwischen Daumen und Zeigefinger wie ein Stift (im engl. ‚Pen‘) gehalten.
5	du musst während des Spiels ein Auge geschlossen halten	besondere Schulung der Wahrnehmung durch erschwertes 3D-Sehen
6	spiele mit deiner nicht-dominanten (schwächeren) Hand	beidseitiges Üben, Umdenken, kontralateraler Lerntransfer
7	dein/e Gegner/in bekommt 7 Punkte Vorsprung	durch den hohen Rückstand muss sich mehr konzentriert werden, da jeder Punkt entscheidend ist
8	es ist nur beidhändiges Schlagen erlaubt	im Gegensatz zum einhändigen Schlagen muss sich mehr bewegt und die Schlagtechnik umgeplant werden
9	nur mit der Vorhand spielen ist erlaubt	auch hier (analog zur 2) ist die Intention, dass sich mehr bewegt werden muss, um einen Ball nur mit der Vorhand zu spielen.
10	während des Ballwechsels musst du auf einem Bein stehen	hohe Anforderungen an die Gleichgewichtsfähigkeit
11	die freie Hand muss permanent auf dem Tisch liegen	eigentlich im TT nicht erlaubt, schränkt es hier als Übungsform die Bewegungsfreiheit deutlich ein
12	nimm den Schläger nach jedem Schlag in die andere Hand	koordinativ anspruchsvolle motorische Übung, Konzentration, beidseitiges Üben

SINN UND ZWECK VON SCHLAGTECHNIKEN IM TISCHTENNIS		
(Schlag-) Technik	**Sinn / Zweck**	**spielbar gegen**
Konter	„Ich kann ihn sowohl mit der Rückhand als auch mit der Vorhand spielen. Ich möchte das Spiel schnell machen, damit mein Gegenüber unter Zeitdruck gerät. So erziele ich vielleicht einen Punkt, weil er/sie den Ball dann nicht mehr erreichen kann. Ich muss aufpassen, dass ich bei diesem eher riskanten Schlag meine Kraft richtig dosiere. Auch gilt zu bedenken, dass dieser rotationslose Schlag besser funktioniert, wenn der Ball etwas höher kommt und nicht angeschnitten ist."	Gegnerische Konter- also rotationslose Bälle. Aber auch gegen einen passiven Block, um das Spiel wieder schnell zu machen.
Schupf	„Einer der wichtigsten Schläge im Tischtennis ist der Schupfschlag. Ich kann ihn sowohl mit der Rückhand als auch mit der Vorhand spielen, um den Ball erst einmal sicher auf den Tisch zu spielen. Zwar fliegt der Ball relativ langsam, allerdings kann es passieren, dass der/die Gegner*in den Ball ins Netz spielt, da der Ball durch den Rückwärtsdrall die Tendenz hat nach unten zu gehen. Später kann ich diesen Schlag neben der Platzierung auch variantenreich einsetzen, um meinen Gegner bzw. meine Gegnerin durch Schnittwechsel zu Fehlern zu zwingen."	Gegnerische Schupfbälle, vor allem bei der Annahme von unterschnittenen Aufschlägen hilfreich.
Topspin	„Ich kann ihn sowohl mit der Rückhand als auch mit der Vorhand spielen. Mit dem Topspin kann ich den Unterschnitt aus einem geschupften Ball herausnehmen und ihn in Vorwärtsrotation umwandeln. Es ist also ein Schlag mit dem ich vom eher passiven Spiel in eine aktive Rolle gelange. Um die Rotation des Balles von Unterschnitt auf Überschnitt zu drehen, muss ich den Ball sehr schnell, tangential berühren damit er seine (Dreh-)Richtung ändert. Dies mache ich am besten, wenn der Ball seinen höchsten Punkt erreicht hat."	Grundsätzlich immer möglich, sowohl auf Unterschnitt, kein Schnitt oder Überschnitt.
Block	„Wenn mein Gegenüber einen sehr schnellen Schlag ausführt, bin ich manchmal nicht in der Lage, auszuholen und zurück zu schlagen. Dann kann ich auf den Block zurückgreifen, mit dem ich wie eine Art Wand den Ball an meinem Schläger (passiv) abprallen lasse. Dafür benötige ich keine Ausholbewegung, sondern muss „nur" das Schlägerblatt je nach Rotation passend schließen. Gerade wenn wir gemeinsam üben, ist es gut, wenn ich meinem Partner / meiner Partnerin den Ball erstmal nur zurückspiele."	Gegen schnelle Schläge des Gegenübers, z.B. gegen Topspins oder Schüsse
Flip / Rh-Banane	„Dies ist eher ein Spezialschlag den ich dann verwende, wenn ich bereits die Grundschläge kann und mein Spiel erweitern möchte. Mit dem ‚Flip' oder der ‚Banane' kann ich einen langsamen unterschnittenen Ball relativ gut beschleunigen. Dies birgt aber ein gewisses Risiko, da der Ball exakt im höchsten Punkt mit richtiger Kraftdosierung getroffen werden muss."	Findet nur bei ganz kurzen, flachen Bällen Anwendung.
Schüsse	„Ich kann sie sowohl mit der Rückhand als auch mit der Vorhand spielen; zumeist mit der Vorhand. Wenn der Ball richtig hoch auf meine Tischhälfte springt, kann ich mit diesem Schlag am besten den Punkt machen. Der Ball wird sehr schnell und ich muss gut zielen, da ich mit meiner ganzen Kraft auf/gegen den Ball schlage. Genau wie beim Flip ist auch beim Schuss die richtige Risikoabwägung entscheidend. Dadurch dass der Ball eine sehr gerade Flugkurve hat, kann es leicht passieren, dass der Ball im Netz oder hinter dem Tisch landet."	Gegen sehr hohe Bälle.

MÖGLICHKEITEN DAS SPIEL ZU VERLANGSAMEN		
Aufgabe bzw. Veränderung	**Beschreibung**	**(Weitere) Intentionen**
Vorgabe einer Ballwechselzahl	Zunächst müssen zehn (15, 20, 50 etc.) erfolgreiche Netzüberquerungen realisiert werden, bevor der Ball mit mehr Tempo als punktbringenden Schlag eingesetzt werden darf.	Motivationale Vorteile in einer heterogenen Gruppe. Alle Lernenden können den Ball im Spiel halten.
Vorgabe einer (langsameren) Technik	Wird den Lernenden eine eher passive Technik (z.B. Schupf, Prellblock o.ä.) vorgegeben, mit der sie ausschließlich agieren dürfen, wird das Spieltempo umgehend reduziert. Die Lernenden können spezielle Schlagabfolgen bzw. spezielle Ballwechsel, die ggf. auch im Wettkampf vorkommen, üben (z.B. mit der Rh darfst du nur Schupf spielen, mit der Vh ist auch ein Topspin erlaubt).	Neben der Verlangsamung ist auch eine spezifische Technikschulung möglich. Lernende erfahren Unterschiede hinsichtlich des Einsatzes (auch Risikoabschätzung) einzelner Schläge.
Netzerhöhung	Das Spiel wird durch eine Erhöhung der Netzbegrenzung rein physikalisch verlangsamt. Es ist den Lernenden nicht mehr so leicht möglich, einen punktbringenden (schnellen) Schlag einzusetzen. Somit werden zwingende Situationen geschaffen, die die Lernenden vor neue Aufgaben stellen.	Implizite Schulung einer höheren Flugkurve und Einsatz langfristig erfolgreicherer Schlagtechniken (z.B. Topspin mit hoher Flugkurve).
Einspielen über das Ballkistenzuspiel	Lernende können sich gegenseitig beim Üben einer neuen Schlagtechnik unterstützen. Hier bietet sich u.a. das Ballkistenzuspiel an (siehe auch unten „Spiel mit zunehmender konditioneller Belastung“). Dabei wird immer ein neuer Ball aus einer Kiste genommen. Das Spieltempo kann hier durch die Frequenz der eingespielten Bälle ganz exakt bestimmt werden.	Neben dem Fokus auf die Schlagtechnik können sich die Lernenden gegenseitig korrigieren und unterstützen. Erfahrungsunterschiede zwischen den Übenden lassen sich hier positiv einsetzen. Kooperatives Erarbeiten von Lösungen ist möglich.
Vorgabe eines bestimmten Zielbereichs	Studien haben gezeigt, dass man deutlich langsamer agiert, wenn man ein kleines Ziel treffen will (z.B. Fitts, 1954). Dieser so genannte „Speed-accuracy-trade-off“ lässt sich nutzen, um durch die Vorgabe eines bestimmten (kleineren) Zielbereiches auf dem Tisch das Spieltempo zu reduzieren.	Die Zielbereiche lassen sich auch zur Binnendifferenzierung einsetzen, sodass erfahrene Tischtennisspieler*innen sehr kleine oder wechselnde Zielbereiche erhalten.